美哉汉字

汉字美学通识系列

The Elegance
of Hanzi

编者 / 王静艳　王金磊

中信出版集团 | 北京

图书在版编目（CIP）数据

美哉汉字 / 王静艳, 王金磊编. -- 北京 : 中信出版社, 2019.7

（汉字美学通识系列 / 王静艳主编）

ISBN 978-7-5086-9695-9

Ⅰ. ①美… Ⅱ. ①王… ②王… Ⅲ. ①汉字－基本知识 Ⅳ. ①H12

中国版本图书馆CIP数据核字(2018)第253369号

美哉汉字

（汉字美学通识系列）

编　　者：王静艳　王金磊

出版发行：中信出版集团股份有限公司

（北京市朝阳区惠新东街甲4号富盛大厦2座　邮编　100029）

承 印 者：北京图文天地制版印刷有限公司

开　　本：700mm × 1000mm　1/16　　印　　张：11　　字　　数：110千字

版　　次：2019年7月第1版　　印　　次：2019年7月第1次印刷

广告经营许可证：京朝工商广字第8087号

书　　号：ISBN 978-7-5086-9695-9

定　　价：58.00元

服务热线：400-600-8099

投稿邮箱：author@citicpub.com

美哉汉字——汉字美学通识系列（第一辑）

目录

VII 推荐序一
VIII 推荐序二
X 推荐序三
XI 编者序

2 **汉字活力**

4 人类的至宝——汉字与华夏文明 _ 刘志基
12 共同的规则——世界文字起源略讲 _ 柳刚永
24 从书写到印刷——宋体字的产生、发展、功用、形式美 _ 张抒

34 **社会作用**

36 复古之路——字体设计中的复古尝试 _ 孙明远
56 字体的气质——革命中的字体设计 _ 李少波
66 从上海到中国——记上海印刷技术研究所的字体研究室 _ 吴轶博

82 **专业维度**

84 汉字美的规则 _ 王静艳
100 汉字设计的思考——从出版物标题字体设计出发 _ 刘钊
116 空间场境与文字设计：一种语用学的研究视角 _ 易祖强

126 **字体业态**

128 日本字库厂商概况——2009 年至今 _[日] 鸟海修
142 曲折前行，花香满枝——1949 年至 2000 年的汉字印刷字体设计略貌 _ 王金磊、王静艳

152 后记

信息化手段是当今最先进的人类文字的处理利器，汉字则是最富于历史积淀的人类文字资源，当汉字遭遇信息技术，必将擦出绚烂的人类精神文明的火花。

——刘志基

文字和语言有很多不同，它不是用语音指代某一事物，而是建立起一套专门的符号体系来表达语言。此外，语言更看重在场交流，文字却能够把信息传递给远方，传递给未来。

——柳刚永

一个从事平面设计的人，如果想要真正理解宋体字的奥妙，就必须了解它的源与流，从这个过程中认识前人所费的苦心和智慧，并与其他各种字体、书法等进行比较，进而深刻地认识宋体字。

——张抒

“复古之路”的含义绝对不是指向单纯的拟古，而是立足于传统文脉的基础上的不断创新！

——孙明远

20 世纪的中国经历了各种战争与运动，字体无可避免地被卷入跌宕起伏的历史洪流当中，与政治产生了或密或疏的关系。

——李少波

活字字体研究室具有非凡的意义，“从上海到中国”实际上已经把这个意义体现出来了。

——吴轶博

这些认知在漫长历史进程当中，形成和约定了什么样的字是美的，并逐渐内化为我们民族的集体潜意识，这是我们今天评判汉字美的源头所在。

——王静艳

汉字作为一套有着丰富视觉形象的符号系统，极繁与极简为一体，繁复多变，却又暗含秩序。

——刘钊

面对趣味形态异质化、风格系统碎片化和生活体验境遇化的现实世界，传统的作者式话语时常会导致那种因设计物在生产消费两端能所指漂移而引起的阐释困难的现象。

——易祖强

因为各种使用字体设备的小型化以及高精细化，不仅需要字体更多粗细变化的表现，还需要更小更轻的数据量。字母文字的文字数少，为此不难实现其轻量化，而对于拥有庞大字数的汉字却仍有较大难度。

——［日］鸟海修

1949 年之后中国的汉字字体设计发展跌宕起伏，这其中经历了 60 年代的艰辛探索，经历了“文革”的挫折岁月，也经历了改革开放之后的旗鼓重整，更经历了技术变革的激烈浪潮。近七十年的时光，展现出社会、政治、文化、经济、技术、商业的碰撞交织。

——王金磊、王静艳

美哉汉字——汉字美学通识系列（第一辑）

推荐序

推荐序一

世界四大文明古国中有三个已经消失，唯独古中国的文明传续至今。其中最重要的原因是，中国的文字传承历经数千年从未间断过。从创造汉字以来，其演变过程不是字形字体的更迭，而是在象形文字基础上逐步进行规范化与稳定化，所以汉字才能延续至今，成为文明的载体，成为世界上使用时间最长、使用人数最多的文字。

汉字，美哉！汉字之美，在于它传承了数千年的中华文明与历史文化，凝聚了中国人的智慧与情感。汉字的表意功能，令其具有强大的传承力，同时也使中国人形成了一种独特的思维方式。当代文化强国的建设与文化自信的建立，应该从研究汉字开始。

上海美术学院“字体工作室”的成立肩负着“在历史时刻承担起我们自己的担当”的时代使命。“字体工作室”中的“体”有三个层面的理解，同时指向了三个层面的教学与科研：

第一个层面是“本体”，是对文字本体的一种“再认识”。通过分析各个历史时期中文字传递、信息传输以及文化传播的规律，促进对汉字本体的再认识。这一层面的研究与教学，将促进上海大学学生在传承自身民族文化的规律方面通识知识的普及。

第二个层面是“形体”，是对汉字审美功能与审美价值的挖掘。汉字字形字体构架规律蕴含着中国人独有的审美法则。通过对汉字形体进行视觉分析，研究东方式、中国式的审美法则。该项研究将成为上海美术学院的公共基础课，承担起培养学生审美能力、创造能力的任务。

第三个层面是“体系”。在当下独特的文化转型时期，“字体工作室”肩负的重要责任就是建立和引领我们这个时代的字体构架体系。从本体到形体，再到体系的构架，是建立“字体工作室”的宗旨。

“字体工作室”落户在上海大学上海美术学院，是为实现振兴中华民族文化的目标而迈出的坚实的一步。我们希望将之发展成为一门立院的王牌专业——字体专业，培养出顺应时代发展的杰出艺术人才。

汪大伟

汪大伟

上海大学上海美术学院执行院长、教授、博士生导师。教育部高等学校艺术类专业教学指导委员会艺术设计类专业教学指导分委员会委员、上海市第六届文联委员、上海创意设计师协会主席、上海美术家协会副主席。

推荐序二

很高兴看到越来越多的人关心汉字，喜欢汉字。很高兴看到上海美术学院对文字设计、字体设计研究的重视。几年前，汪大伟院长和我去华文字库参观，看铅字发展的过程，探讨如何将文字设计引入设计教学中，那一次给我留下了深刻的印象。

字体设计作为一门很狭窄的学科，之前不被人重视，但是近年来，不仅是设计师、学术机构，甚至普通大众都开始关注文字设计、字体设计。大家从近年来的很多和字体设计相关的活动、论坛、展览中可以觉察出来。

由于近年来科学技术的飞速发展，字体设计和文字设计已经不像过去那样只是少许专业人员所关注的事，现在已经变成每个人手中的一个工具。特别是在西文环境下，每个人都可以找到符合自己个性的一种字体，去做个性化的设计，做个性化的传播。汉字在不久的将来也会如此，汉字的字体设计会变成一个特别普及而又特别容易让人掌握的一个工具。

对于字体设计、文字设计的关注，也不仅仅发生在当今中国，这已然成了一个特别普遍的现象。春节期间，我在美国同 Adobe 前任字体设计总监谈起他在旧金山艺术学院开的字体设计课，大家争相来上课，人满为患，他说我不知如何把人挡住。这在西方发达国家是一个很普遍的现象。在大家对字体设计普遍关注的情况下，作为学术机构，作为学校，我们更应该从理论上对字体设计做一个梳理，搭建起文字设计的理论体系。

做这样一件工作，如同我们现在的设计学发展一样，我们应当承认，设计学的发展还处在一个初始的阶段，很多东西还不成系统。在这样一个时期，在我们搭建设计学的这样一个大的框架的同时，文字设计也应当作为一个学科在这个过程里面把自己的学科系统搭建起来，要做到这一点，我们需要从其他学科得到一些启发，得到一些方法，从历史学、文字学、心理学、印刷学……从很多方面来做。“美哉汉字”这一项目的目的在于希望不同学科的学者的研究成果对文字设计的研究有所启发。

Adobe 跟谷歌一年前发布了思源黑体，前不久又发布了思源宋体。思源字体涵盖了中、日、韩所有的字体，包括繁体字，也包括所有主要西文字体的字符。里面有七种不同的字重可以选择，在这个平台上可以做到自然的转换。现在，谷歌也拿去做安卓系统的系统里面的用字，从而真正实现了世界字体。

几年前，黄克俭老师就在不断地宣讲世界字体，这一次真正实现了世界字体，如果大家用 InDesign 软件（adobe 公司出品的排版软件）来排版，只要是电脑系统，转换成日文系统，思源字体就会转成日文字体。同一个字体、同一个风格涵盖所有语言，这是一件特别令人兴奋的事情。在这个工作里面，日本、韩国、中国包括中国台湾地区，很多机构参与了这项工作，其中汉字的简体字部分由黄克俭老师的华文公司承担。

字体设计作为上海美术学院一个重要的基础课程，作为一个学科来发展。我们为什么要重视字体设计？现在很多人都在关注人工智能，这个话题特别热。人工智能在中国如此受关注，也说明一个有趣的现象，在很多领域我们以往都是追随美国。但是在当今，可以想象到在人工智能方面，中国将会引领人工智能的发展。美国国务院发布的一个报告数据表明，中国当今在人工智能的深度学习方面，不论是论文的发布量、发表量，还是被引用量都已经远远超出美国和其他国家。中国是用智能手机和电脑最多的国家，如此多的使用量，必然积累庞大的数据，这对人工智能的发展有很重要的作用。人工智能发展也势必带来对我们这个行业的冲击，很多人都在预测，在人工智能的时代，很多工作都会被人工智能所取代，其中就包括设计师的工作。2016年11月11日这一天，阿里巴巴人工智能系统产生了1.7亿的广告，数量如此惊人，并且个性化的广告都是人工智能系统完成的，可以想象，很多其他的设计工作很快会被计算机所取代。

在这样一个时代，值得重新考虑，怎样重塑设计师？怎样让我们的设计教育来顺应这种发展趋势？当我们思考未来需要什么样的设计师的时候，要看到人一生转换几个职业已经是很正常的事。我们的学生毕业以后可能不再做设计，而从事了其他工作。所以我们的教育要考虑到这一点，给学生最重要的教育其实是最基础的教育，是综合素质的教育。这种综合素质的教育，会提升学生学习的能力和终生学习的能力，使其具有创造性和批判性的思维能力。这些综合素质里面，字体设计、文字设计的技能和知识应当作为其中的一个部分，作为设计师基础技能的一个部分。

为什么文字设计、字体设计应当是我们的基础技能？文字，特别是中国的汉字有几千年的历史，它承载了中国几千年的文化，在汉字里面凝聚了中国艺术的很多精华的东西，所以对于汉字的学习、字体的学习能够让我们更好地理解中国的历史和文化。同时，中国的汉字也是一种符号，对于这种符号的学习、理解，是最基本的技能，不仅对于视觉传达专业，对于其他专业也是如此。因为汉字是人用来传递信息的一个最基本的工具，一个最重要的工具。我们通过字体设计这样一些课程、一些知识，可以学会如何去掌握我们手里的这个工具，如何把它用得更好。

在上海做字体设计，特别是汉字字体设计，有很大的意义，因为这里凝聚了很多人才，它是中国近代印刷的发源地，也是中国现代字体的发源地。

希望大家能够从“美哉汉字”中受到启发，受到激励。让我们共同搭建文字设计学的体系，共同推动中国字体设计的发展。

王敏

王敏

中央美术学院长江学者特聘教授，博士生导师，中央美术学院学术委员会副主任。曾任中央美院设计学院院长、香港理工大学设计学院讲座教授、国际平面设计协会（AGI）中国区主席、AGI执行理事、国际平面设计联合会副主席、世界经济论坛创意经济理事会理事。

推荐序三

汉字成为古典文字中唯一流传并使用至今的文字，一方面反映了汉字顽强的生命力，另一方面反映了汉字作为文化传承载体的优势，将这种优势继承和发扬，我们有不可推卸的责任和使命，这也是我们发起“美哉汉字——中国字体论坛”的初衷之一。

文字与其呈现的载体是密不可分的，从甲骨金石、木牍帛绢，到纸张屏幕，我们可以清晰地看到媒介的变化。技术的飞速发展影响着字体设计，在互联网影响下的以屏幕显示为主流媒介的当下，文字已经摆脱了之前静态的、孤立的呈现方式，表现出动态的、多维的呈现特征，如何设计与媒介相匹配的字体是字体行业所面临的主要议题。高清显示技术、虚拟现实技术、柔屏技术等，大大拓宽了媒介的边界，为设计行业提供了太多的可能性，而字体设计正处在这样的机遇与挑战之中。

互联网技术进一步加深了全球化的内涵，网络沟通成了我们的交流常态。从改革开放到“一带一路”，充分体现了中国国家层面上主动与世界握手的态度与魄力。在这个全球文化对话频繁的时代里，字库的开发已经不单单是对一种文字的字体设计了，就谷歌和 Adobe 合作开发的“思源宋体”来说，就已经考虑到了东亚文化圈中汉字字体差异化的问题，这种全球化视角影响着字体设计的定位。在中文主动融入世界语言发展的大环境里，中文字体的人文特征如何彰显？这是摆在我们面前的一个重要问题。我以为其中一个重要的环节就是加强我们的字体设计教育，其中的正文字体设计教育在我国目前的高等设计院校中显然是缺乏的，而“美哉汉字——中国字体论坛”正是对这种现状的有效回应。

自古以来，中国的文化就呈现出强烈的传承性与包容性，“美哉汉字”论坛就是要为这种传承和交流搭建平台。从这些学者的研究成果中，我们可以看到中国汉字所蕴含的美学特征，也可以看到字体所呈现的社会变革的烙印，同时可以看到汉字对人的心理作用，更可以看到文字在全球不同文化中所呈现的不同特征，等等。这种种的思想让我们看到中国文字所呈现的文脉特征，正是这些特征才反映出中文字体的人文内涵。

黄克俭

黄克俭

北京奥申委陈述报告多媒体总策划，华文字库创始人，上海美术学院客座博士生导师，中央美术学院客座博士生导师，中央美术学院奥运中心副主任，北京华文时空文字技术有限公司董事长。

美哉汉字——汉字美学通识系列（第一辑）

编者序

汉字字体设计并非小道。

因为我们直视的是“汉字”这个充满魔力的词语，注定了汉字字体设计的襟怀——与传统文脉紧密相连，怀抱弘扬民族文化的使命，并且在今天传承传统的艰难求索中尽心尽力。

全球化的现代性社会，与传统的中国社会并没有直接的血缘关系，因为其主体与中国式传统互相隔离。于是，我们处在了一个尴尬的夹道：往西，与西方现代格格不入；往东，与传统似成路人。

近年来，我们逐渐意识到，传统是我们生存的精、神、气，于是，返本归元成为理智而负责任的选择。

重启不易，我们正面对这样一个令人感念万千的任务：进行整个民族的传统启蒙，让那些飘散在传统天空的陌生的文化碎片组合起来，重构成为理性的体系之城。

在这个背景下，汉字设计走上了它命运的舞台，在短短几年间成为备受关注的学科方向。

对于设计学科而言，汉字设计是一切其他设计课程的基础，解决这个问题将有效影响到整个学科。汉字设计课程在整个设计教学的体系中处于核心的位置，它不但是基础课，也是专业课，涉及语义学（含义、内容、概念）、符号学（外观、风格、视觉语汇）和语法（它将如何应用），训练的是学生的逻辑能力、视觉表达能力和信息处理能力，在设计越来越多地需要进行大容量信息处理、跨学科作业的今天尤为重要。

并且，作为我们传统文化最真实、最中肯的象征和载体，汉字有着比我们的文化更为顽强的岁月连续性，清晰地凝固和表达着我们文明的基本价值和精神。以汉字设计为突破口寻找“民族设计”无疑是最可靠的路径。

这几年间，字体研讨会、讲座、展览蓬勃，这是设计学科的文化自觉，亦是字体设计作为一个独立学科逐渐成长起来的信号。

当然，字体设计要实现其价值，还需要我们从头梳理，从基础工作做起。从不同角度梳理汉字设计历史，从不同的学科观察、理解、建构汉字字体设计学科是我们正在试图做的，尤其是文字学、印刷学、书法学、历史学、视觉心理学、信息学，都与汉字字体设计密切相关，且学科理论相对完善，非常值得借鉴。“美哉汉字”系列正是这样一个从不同学科切入汉字字体设计的尝试。

“美哉汉字”系列品牌的策划凝聚了上海美术学院发展字体设计学科的热望，也承载了诸多汉字字体研究者们的辛勤耕耘。一切的努力都是期待更为美好的汉字字体未来。

王静艳

汉字活力

人类的至宝——汉字与华夏文明 _ 刘志基
共同的规则——世界文字起源略讲 _ 柳刚永
从书写到印刷——宋体字的产生、发展、功用、形式美 _ 张抒文字是超越时空的符号，担负着记录人类文明的重要角色。最初，文字以象形方式诉说着人与神明、天地之间的关系，文字一经被认知和解读，就迸发出神奇的生命力：因着古埃及象形文字被商博良成功解读，古埃及的神秘面纱得以揭开；因着甲骨文被王懿荣发现，商代文明开始被现代人解读知晓……

文字是有活力的，这种活力伴随着人类历史进程，文字赖以呈现的媒介和技术对文字字体的演变发挥着助推的作用。无论是昔日的甲骨、金、石、牍、帛、绢、纸，还是今日的虚拟界面，每次的变革都推动了字体的变化发展。从书写时代字体所体现的艺术性，到印刷时代字体所展现的统一性以及在信息时代字体所表现的体验性等，都呈现出文字与技术之间的积极互动。

汉字历经数千年至今依然生机勃勃，而且是世界上使用人数最多的文字，其由繁到简、从形象到抽象的不断演进，展示了这个成长的过程。当下媒介的便捷，文字符号的媒介作用更加凸显，跨越洲际的即时沟通已成为常态，这是时代需求，也是效率使然。在这个信息高速传递，文本传递异常活跃的时代，人们每天阅读和发送大量的文字信息，这是前所未有的。在这种背景下来探讨文字的发展变化，是时代所需。

人类的至宝——汉字与华夏文明

刘志基

刘志基

华东师范大学终身教授，汉语言文字学博士生导师。上海市重点学科华东师范大学“汉语言文字学”（第二期）学科带头人。主要研究领域：文字学、古文字的数字化开发研究、先秦汉字发展史。

一、来自远古的“微信”

我们从一个字的造字意图的分析切入。

这是《说文解字》中的“爲”(为)【图 1-1】，对它的解释是“母猴也”。《说文解字》(以下简称《说文》)解释的对象是小篆，对于“爲”的字形，《说文》是如何分析的呢？书中写道：“其为禽好爪”，意为猴子喜欢用爪子，所以“爪”就是母猴象也，下腹部为母猴形。《说文》一书中“母猴”的“母”其实是一个通假字，学者认为是沐猴，或猕猴。《说文》的“爲”字还有另一种写法，被解释为两个猴子相对。【图 1-2】

1-1

1-2

这个说法对不对呢？关于解释文字，陈寅恪先生有一个说法，就是“依照今日训诂学之标准，凡解释一字即是作一部文化史”。这里面有两个要点，第一个要点，解释文字要联系文化；第二点，要按照训诂学的标准。从训诂学的标准来看，其实《说文》对于“爲”的解释有问题，它没有找到字源，解释文字尽可能要找到文字源头。当然，这不能怪许慎，因为许慎的时代没有看到甲骨文。一百多年前甲骨文发现了，甲骨文的“爲”字如此。【图 1-3】

1-3
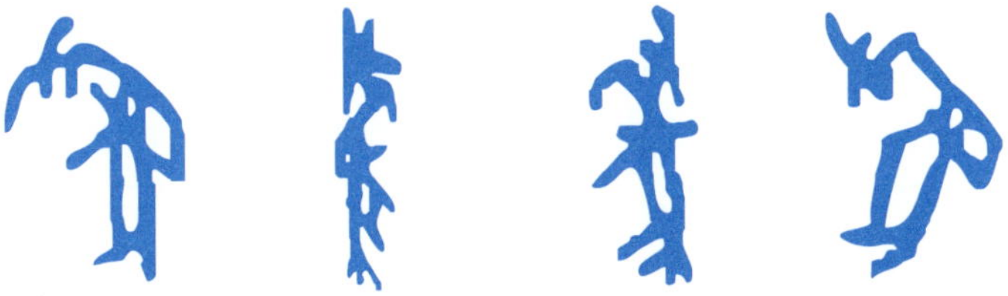

图 1-1 小篆“爲”字
图 1-2《说文》“爲”字
图 1-3 甲骨文“爲”字

怎么解析呢？左上是“又”，也就是人的手，我们看下面应该是一头象，也就是说这个字像一只手抓着象鼻子。这是什么形象？学者如此解释：役象以助劳，意为让大象来帮助人们干活，这就是“爲”字的甲骨文造字意图。甲骨文造字的规律通常与当时人们身边一种常见的现象有关。大象可以帮人干活，也就意味着当时有很多象，所以我们看到甲骨文里面有很多的“象”字。【图 1-4】

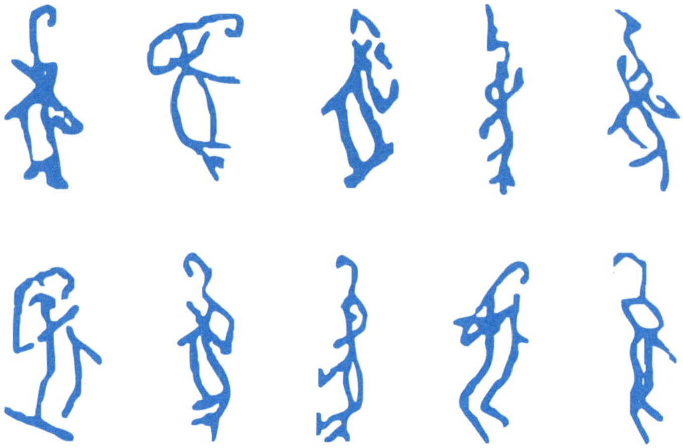

1-4

对“爲”字的解析到底说明什么？它发给我们今人什么信息？可以如此归纳：在甲骨文的时代，中原地区多象，当时的生态、气候环境类似于今天的东南亚地区。因为多象，所以“爲”字便会有“役象以助劳”这样一种造字思维。进一步来看，堪称“万岁”的汉字为后世历史的回望提供了第一手信息资源。

“万岁”文字的上述功能究竟有什么意义？我们可以说，“万岁”文字可以带来文化软实力。举一个例子，2014 年巴西世界杯看似跟中国足球毫无关系，但是实际上巴西世界杯举办期间，在媒体界有过一场关于中国足球的争论。首先是英国专家发难，英国人自认为现代足球发源于他们那里，在巴西世界杯前夕就又出来质疑足球起源于中国的说法。这个事情媒体上炒得热闹。风波究竟从何而来？原来，20 世纪 50 年代国际足联就认定中国的临淄是足球的发源地，但很多国家不认同此事，除英国以外还有一些古老的国家，比如埃及。埃及记者说什么呢？我们金字塔当中也有一个球，你能说它不是足球吗？希腊记者也说：我们希腊神像的膝盖上面停着一个球，你怎么能说它不是足球？大家都在争。最终国际足联表了态，说虽然不少国家认为自己是足球发源地，但是历史学家以确切的证据表明足球起源于中国的蹴鞠。其实所谓“确切的证据”就两个字：“信史”，也就是用文字记录下来的历史。其他国家没有信史证据，但是我们有先秦时代临淄盛行“蹴鞠”的文献记载。另外，相关文献还记载了类似于莫罗西尼（前几年一个在足球场上猝死的意大利足球运动员）的事情，这都是非常有力的证据。所以可以这样说，中国文字挽救了中国足球的历史。为什么能够“挽救”？无非因为中国文字是一种“万岁”文字，千古传承，青春常葆。有一些历史悠久的国家，虽然也有古文字，比如古希腊有线形文字，古埃及也有较多的文字种类，但是都没有存活至当代，只有中国汉字传承至今。汉字的文化传承功能是独树一帜的，在当今人类的民族文化之林独树一帜。

汉字可以系统地将远古文明信息传输至现代社会，进而提升国家民族的

图 1-4 甲骨文中的“象”字

文化自信。然而文化自信有什么用？文化软实力有什么用？文化软实力跟国家民族的命运有没有关系？我想一定是有关系的。举一个例子，清军入主中原后有两件事情很矛盾，一件是国语骑射，一件就是编纂《康熙字典》。国语骑射是什么？就是定“国语”与“骑射”为旗人之要务，“国语”就是满语。清军入关后，统治者做了很多想要“消灭”汉族文化的事情，如下达“薙发令”之类，国语骑射就属于这类政策。而在另外一方面，清朝统治者也对中国文化做了非常大的贡献，比如翻译、整理了大批儒家经典，编纂了《康熙字典》等。《康熙字典》是中国古代字书中的集大成者，是《汉语大字典》编成前最大的一部字典；再如把孔子尊为“帝”，这也是古代帝王中从来没有的。某种程度上说，皇帝自己变身为传统文化人。荒芜有一句诗：“乾隆御笔知多少，谁记君王一句诗？”说的就是乾隆到处去题字，有些传统文人的做派。这类事情其实在北方游牧民族入主中原以后都发生过，元朝有类似的情况，再往前推，北魏时期的鲜卑族魏孝文帝也实施了彻底的“汉化”。这些现象到底为什么会发生？归纳一下：在不同文化和传统的对话当中，刀枪不敌汉字。北方游牧民族想要维护在大中国的统治，只有学习汉字，融入源远流长的汉文化，而他们也在这个过程中同化于华夏中国。

孙中山先生曾经有这样一段话，对这个情况做了经典的概括。他说：“……五千年前，不过黄河流域之小区，今乃进展成兹世界无两之巨国。虽以积弱，屡遭异族吞灭，而侵入之族不能同化中华民族，反为中国所同化，则文字之功伟矣。”（孙中山，《建国方略》第三章）

二、华夏智慧精灵

1-5

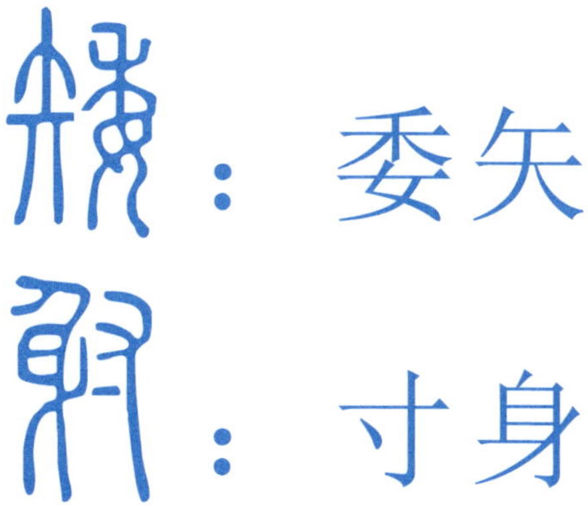

历史上有一起文字乌龙事件。这是怎么回事呢？我们来看看“矮”字与“射”字。【图 1-5】如果作构形分析不难发现“矮”一边是“矢”，一边是“委”。“矢”就是箭；有一个词叫“委弃”，委就是弃，也就是抛。那么“矢委”的意思就是把箭抛出去，可那不就是“射”吗？

图 1-5 “矮”字与“射”字

至于“射”字，射从“身”从“寸”，人的身体如果只有那么一寸，那不就是“矮”吗？

所以有人说这两个字造字的时候弄颠倒了。据说此说法“版权”属武则天，但是恐怕没有什么道理。这两个字到底应该如何分析？为什么这么说是错的？

有一个网络词语叫“矮矬穷”，其实“矮”和“矬”是同义的，都是矮的意思。“矮”和“矬”是形声字，我们如果分析一下构形，会发现“矢”应该是表意的，那么这里“矢”的意义是什么？《汉语大字典》所收“矢”部字，大量意义都表示长度有限，都跟矮有关系。为什么？我们可以看到清朝徐灏的《说文解字注笺》里面有一句话：“古者弓长六尺，箭杆长三尺。故度长以弓，度短以矢。”古人生活当中很多东西都是一物多用，弓箭就做尺用，弓长一点，可以量比较长的东西，箭短一点，量短的东西。所以在这样的情况下，人们造字的时候会有一种灵感，用“矢”来表示长度有限。

关于“射”字，我们主要应弄清楚“寸”的意思。《说文》的解释是“法度也”，为什么是“法度”？有很多证据可以证明“寸”有“法度”的意义。

我们怎么理解“射”的“法度”意义？这又要了解“射”在古代社会究竟有什么意义？首先，它是一种教育内容，属于“六艺”（礼、乐、射、御、书、数）之一；其次，古代社会用“射”来选拔人才，有所谓“大射礼”，就是通过“射”来选拔人才的一种礼仪，下面就是它的汉画像石图像。【图 1-6】

1-6

《礼记·射义》里有很多“射”的记载与人的德行有关。从这样的背景来看，“射”的“法度”意义可以如此归纳，它的造字意图就是人的立身之道。

因此，我们对“矮”和“射”的乌龙事件的起因可以做这样的解释，说到底就是表意偏旁的意义发生了变化，而人们没有正确认识而产生误解。“矢”可以表示长度有限，“寸”可以表示法度。进一步分析可以发现，“矢”不仅仅表示长度有限，它还可以表示什么呢？我们看这几个字“知”“矣”“矧”，它们其

图 1-6 大射礼汉砖浮雕

实是语气词，语气词为什么可以用“矢”来表示字义？《说文》解释：“从矢，取词之所之如矢也。”一言既出，驷马难追，跟“开弓没有回头箭”同义，所以这种思维也让“矢”在造字中与“语气”发生了关系。

偏旁兼职的意义，与表意文字在造字的时候所遇到的困难是有关系的。从文字的认知记忆和书写便捷的角度考虑，造字的时候会选择一些形体相对简洁又常用的构形单位，赋予它比较多的意义来完成造字，这是非常聪明的办法。在汉字表意偏旁中，意义变异的情况比比皆是。“六书”是汉字系统通过字形设计来表达汉语的一种创意系统，不仅仅只有象形、指事、会意、形声等结构方式的创造，还有很多具体的造字智慧，上面陈述的只是当中一种，我们可以以小见大。

表意的智慧有什么用？我们可以这样来看，它在空间的纬度上维系着大中国。为什么这样说？首先可以看一看赵元任先生的一篇奇文：

石室诗士施氏，嗜狮，誓食十狮。施氏时时适市视狮。十时，适十狮适市。是时，适施氏适市。氏视是十狮，恃矢势，使是十狮逝世。氏拾是十狮尸，适石室。石室湿，氏使侍拭石室。石室拭，氏始试食是十狮。食时，始识是十狮，实十石狮尸。试释是事。

——《赵元任全集（第1卷）》

这篇文章所有的字都是同一个音节，这说明什么？另一种情况或许可以帮助我们来理解和认识。中国人说话的时候往往要靠汉字来帮助，如果你姓“zhang”，究竟是什么“zhang”？“弓长张”还是“立早章”？有人对汉语的特点做过一个分析：一方面，汉语音节数量有限，只有越南语的四分之一；另外一方面，汉语是单音节作为词的主要语音单位，会造成很多的同音词，比如《汉语大词典》中“yi”这个音，一共收了二百三十二个词。同音字多的现象自古如此，《战国策》里记录过一个战国时代的笑话，周国商人和郑国商人做买卖，都说是“pu”，其中一个的方言里“pu”是玉，另一个的方言里“pu”是死老鼠，于是就造成了一个历史商业笑话。

扬雄是汉代一个文学家，他做过一部语言学著作《方言》，在此书序中他说：“盖闻方言之作，出乎輶轩之使，所以巡游万国采览异言，车轨之所交，人迹之所蹈，靡不毕载，以为奏籍。”其中“輶轩”就是使者的代名词，出使万国的“国”在古汉语里面就是“村”的意思，就是老子所谓“小国寡民”，“邻国相望，鸡犬之声相闻”的“国”。而使者出使外地的时候有一个非常重要的任务，就是采集各“国”（即各地）方言，而且采集方言要作为国家档案呈报上去，扬雄的《答刘歆书》里面就说到这样一个情况。可见方言差异问题，时代越早就越严重。由此我们可以认识到我们的祖先选择表意的汉字来记录汉语的原因。选择汉字完全是华夏中国的大智慧：面对汉语这样一种语言体系，如果选择表音文字，即在造字时用文字构形去对应语言单位的音，那是自寻烦恼；而选择汉字体系，造字时用文字构形对应语言单位的义，就会柳暗花明。当然，表意文字自身系统的建立和健康运行都是非常不容易的，同样需要大智慧来维系。而这种大智慧，就是由无数“矮”“射”之类造字创意来维系的。

三、“万岁”文字的数字化青春

以我个人的文字生活为例。每年新年我要写贺卡，用了电脑以后写贺卡的方式就有一些变化，以下是今年用新方法写的贺卡。【图 1-7】

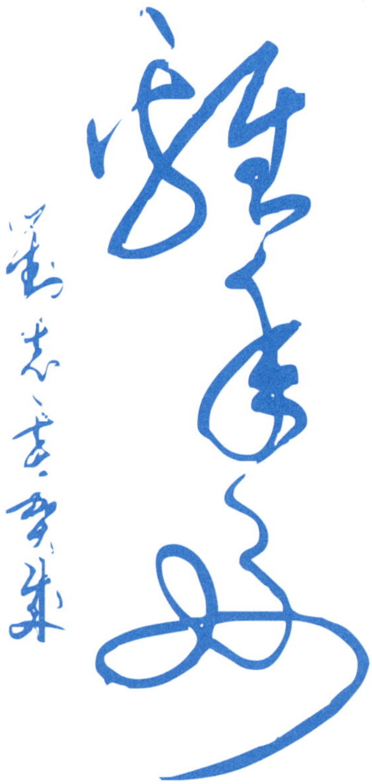

1-7

其实是使用了一种字体技术，先在纸上写几个字，拍一张照，然后去造一个字。这样写贺卡有什么好处？贺卡上的字还是我的手笔，不是电脑上的通用字库，而效率却大大提高。原来写一张贺卡很麻烦，现在写一张可以无限复制。如果用古文字写卡，还可以用程序转换——我们开发了一个小程序，可以实现现代通用字与各类古文字的自动转换，还可以用这个方法治印，这个治印法做出来的印面不用动刀。

制作字体型新年贺卡后我有了一些感悟：数字化无所不在，改变了人们的文字传输方式，在文明社会，文字传输方式的改变，意味着基本生存方式的改变。为了营造数字化时代的幸福生活，我们必须大力推进汉字数字化进程，充分享受数字化的福利。

图 1-7 电脑制作的新春贺卡

回想当年，曾经有一度人们非常担心电脑会消灭汉字，在很多学者、专家的努力下，今天的数字化已经极大地提升了汉字资源的社会利用效率，产生了一批比较重要的传统文献的数字化产品，如《国学宝典》《四库全书》《四部丛刊》等。现在，传世文献，如"十三经"系列的，我们都可以通过网络实现查找，不管是语篇也好，单字也好，原文也好，解释也好，都可以在任何一个电脑终端轻点鼠标成功检索。出土文献的网络检索现在还不行。2010年我申报了国家社科重大项目——"出土古文献语料库建设研究"，就是想突破这个瓶颈。总体来说，问题的最终解决也就是时间问题。

信息化手段是当今最先进的人类文字的处理利器，汉字则是最富于历史积淀的人类文字资源，当汉字遭遇信息技术，必将擦出绚烂的人类精神文明的火花。用数字化激活汉字资源的宝藏，是新时代最重大的文化工程之一。然而遇到的问题还是很多。简单举一个例子：我们在2003年开发的两种光盘产品，一个是"战国楚文字数字化处理系统"，另一个是"商周金文数字化处理系统",2003年开发的时候是基于windows XP和windows 98操作系统的，没几年操作系统升级了，系统就装不上去了。这样的问题遇到比较多，所以我们觉得这件事情任重而道远，挑战和希望并存。

共同的规则——世界文字起源略讲

柳刚永

柳刚永

副编审，天闻数媒科技（北京）有限公司首席内容官。著述有《写给大家的西方美术史》《人间飨宴——中国绘画中的饮食》等。

人类几种主要的古文字的起源遵循了共同的道路。而中国的汉字逃脱了古代象形文字常有的衰亡命运，一枝独秀活了下来。在21世纪，它甚至显示了在信息传播方面的某些优势，它相对更简练，视觉区分度更高，成为当今拼音文字丛林中一朵异样的“奇葩”。

这么多语言从哪里来？——巴别塔的故事

人类很早就对自己日用的语言文字很感兴趣了。在《圣经·创世纪》里面，一开头就有一个故事来解释，人类为什么会有这么多语言。

这个故事发生在今天的伊拉克，古代的两河流域。两河之间的新月之地很早就被开垦了，文明的曙光在这片沃土破晓，最早的文字也在此产生并兴盛。

这里是亚当夏娃的伊甸园，是天神眷顾的应许之地。由于苏美尔人经常修建他们的神庙，一代一代不停地翻修，往往在旧有神庙基础上，踵事增华，越修越大、越筑越高，传说中的巴别塔就出现了。

世界各古老文明大都有这种传说，神庙要建成高塔。在古人的原始信仰中，至高的神在天上，搭一个高台能够更靠近神的居所。比如中国商代纣王的鹿台就是这样一个高塔。

巴别塔建得太高了，人类要上天了，以至于上帝都着急了。上帝出狠招，干了一件非常简单的事，就是变乱大家的言语，互相没法沟通了，众人自然就没法协力了，巴别塔功败垂成，通天之塔未成。

2-1

我们的舌头比我们的基因更善变

图2-1 彼德·勃鲁盖尔笔下的巴别塔

相比人类基因的一致性，人类语言的多样性，即便在全球化的今天来看，仍然是非常夸张的。

今天人类的语言谱系，光是语系就有几十种，语种近万，还不保证完全统计到了。近万种语言里，随时都有语种在消亡。语言的多样性真是让人叹为观止。人类在漫长岁月中，硬是从一个个母亲的舌头下面累积发展起这蔚为大观的诸多语言！

需要多少种文字来承载这么多语言的记载和传达呢？相比语言的种类繁多，文字的种类就少多了。

人类开始使用语言，绝对是自我意识觉醒的标志。马克思说人是会使用工具的动物。人使用的最重要的一个工具就是语言，人和人因此可以互相进行复杂的信息交流。比语言更加背离动物界常态的就是人类的文字。文字和语言有很多不同，它不是用语音指代某一事物，而是必须建立一套专门的符号体系。此外，语言更看重在场交流，文字却能够把信息传递给远方，传递给未来。

语言让早期人类从自然界脱身出来，文字则帮助人类有意识地克服时间和空间。人类开始有能力把信息传递给未来和远方，才可以与古为新、异代相知，也可以见字如面、海内比邻。人类能够协力同心，文字的功劳不可抹灭，在通信工具营造的四海一家的全球化时代，大家当然就更容易理解彼此。

伊南娜、恩美卡、托特、仓颉——诸神同工

今天，世界各民族语言千差万别，但是有文字起源神话的民族却不多。

文字起源神话记载最清晰的是苏美尔人。一说苏美尔的文字源于全能女神伊南娜，她会一百项技能，文字、木工、建房子都在内，文字这项技能是她九岁的时候从父亲智慧之王那里骗来的。

苏美尔人还有一则关于文字起源的故事，讲的是恩美卡的故事。恩美卡是真实的苏美尔国王，大概生活在公元前 2500 年。那时中国夏朝都还不存在，夏禹还没出生呢！这个故事讲得言之凿凿，说是出于外交需要发明了文字。很遗憾，这个故事很可能是假的，恩美卡国王只不过需要用文字创制者来为自己增添光环。

除了苏美尔人，古代埃及人也有自己的造字神话。

埃及的文字更多是刻在他们的神庙里面、陵墓里面、金字塔里面。古埃及人的文字刻得非常精细，很多时候是浮雕在岩石上的，古埃及人为什么会这样不惜工本、费时费力？联系到他们常做木乃伊求永生，文字在古埃及人那里可以说是寄托了不死的愿望。

文字还真的就有这种功能，人类创制文字的初心不就是对抗时间、对抗空间吗？文字远比语言更顽强。语言会被扭曲，会流失，被废弃，在历史中不留痕迹；倒是文字，哪怕死了也可以重生，文字的木乃伊归来的故事，可不单单在埃及发生。

文明古国中国当然不缺造字神话，我们的造字神话甚至很早就体现了“吃货”的民族特性。仓颉造字时“天雨粟，夜鬼哭，”最后联合国把谷雨这一天作

2-2

2-3

图 2-2 全能女神伊南娜浮雕

图 2-3 仓颉及其所造的二十八字

为汉字的纪念日，文字与粟共生。在中国，文字与衣食之源一样受重视，甚至更神圣。

中国古人一直非常看重文字，甚至到深入骨髓的程度。在古人眼里，一张白纸就是一张纸，而当它写上字后那就是需要敬惜的字纸了。即便“文革”时期毁坏了那么多文物，大家仍可以在全国各地看到一些保留下来的字纸塔。湘西凤凰城的虹桥对面的那座塔就是，那是专门焚化有文字的纸张的，不能随便玷污。文字在中国，被视为具有通神的力量：它记录历史，昭告未来，有一种终极的精神信仰意义。

20 世纪以来，这种思想仍潜流暗滋，影响深远。

1945 年，“中共七大”强调毛泽东思想为全党的指导思想，思想需要载体。早在 1944 年 5 月，就由晋察冀日报社编印，晋察冀新华书店发行五卷本《毛泽东选集》；此后，内战爆发，中共在东北站定脚跟后，1948 年又出版了东北书店版《毛泽东选集》；1950 年春，中央成立了“中共中央《毛泽东选集》出版委员会”，由刘少奇任主任，思想、历史与语言文字深度联动。

无论是庙堂之高，还是乡野之远，从最大的政治构想到琐碎的传统民俗，随处都可以看出，文字在中国代表着确定性，代表着历史，代表着某种终极的评判。

仓颉在中国的文化意义，那绝对是非同小可。

丽天垂象——文字从哪儿来？

世界上只有不多的几个民族有造字的传说，这些传说里，通常有一个神创造了文字。

由于基督教传播的原因，欧洲最早的文字应该是希伯来文，希伯来文很长时间以来一直被认为是由上帝之手创作的，而我们现在知道，古文字肯定不是神创造的。

“丽天垂象，继日代明。”其实文字肯定来自我们面对世界时希望表达的欲望，我们把这个世界抽象化，最后把它分成一个个有意义的单元，不但指向这个世界，回过头来也反观我们的自身，最后形成一套丰富的符号表达体系。

中文有很好的历史延续性，传统的象形文字在漫长的历史中进行了统一的整理和优化：甲骨版本 1、金文版本 1.1、大篆版本 2、小篆版本 2.1……不停升级。所以从信息传达的角度理解，我们的中文系统在初期一次性投入大，但是后来的用户体验还不错。汉字的点状二维信息显示，区分度高，信息密集，据说学中文不容易得老年痴呆。

象形文字是人类的源头性文字。

象形文字初期，往往是一些简单的图画，这种图画跟语言根本没有办法对应。比如中国西南的一些少数民族，年轻男子给女孩子写情书的时候寄几片树叶，约定在某棵树下见面，这样的信息是没有办法发展成文字的。但是，当一些符号开始表达明确的意义，而且这个意义慢慢地和语音对位以后，我们就可以认为，文字体系开始形成了。

古老的象形文字主要有五种，一是两河流域苏美尔人的楔形文字，二是尼罗河流域的埃及圣体文，三是中国黄河流域的甲骨文，另外还有古印度的哈拉帕象形文字和玛雅象形文字，但流传不广，遗存较少。

这五种文字都是起源于象形文字，而象形文字起源是比较直接简单的。文字是为超时空交流方便而开发出来的信息符号系统，如果说语言以即时交流为目的，文字则是要让大家看得见，因而也就顺理成章，从看得见的外物取象喻义传达信息，最后与语言对应，系统遂成。

先看一下楔形文字，原认为楔形文字是象形。但是现在学界也有人认为，它可能不是源于象形，而是来自古老的算筹刻画符号。苏美尔人很早就从事商业、贸易等经济活动，后来有了大规模的城市生活，这些都需要人们记账。两河流域的黄土非常多，比如要卖批货物给人家，就会做几个小泥模子，用三角形表示绵羊，圆形表示面包。然后再做一个大球，把这些货物封起来，在外面盖上泥模印章，证明里面有哪些东西，最后货物送到之后按照印章验货。

2-4

2-5

算筹是苏美尔人基于实用目的发明的，算筹上面刻画的形象，仍旧来自自然形象的约取，对后来楔形文字的形成确实有一定的启发。但这无改楔形文字起源于象形这个基本判断，只是有些文字在算筹那儿绕了下弯。至于一些抽象概念，没有办法直接从自然界约取物象来代表，无论是苏美尔人的楔形文字，还是中国的甲骨文，都有一些专门的符号表示抽象数字概念。

楔形文字来自象形的痕迹非常明显，因文字演变存续时间非常长，变迁的轨迹也很清楚。

古埃及的象形文字比苏美尔稍微晚一点，但是古埃及的文字也是自己创立的。他们的"圣书体"就是一种象形文字，这种文字作为神的文字，最主要的目的就是用于碑铭，或者撰写纪念性的文字。古埃及文字中有大量的象形文字，写法很自由，可以往左写也可以往右写，就像人可以向左或者向右转头。这样怎么读呢？很简单，他往左书写的时候，文字中的象形文字人头都转向左边，而往右写的话，人头转向右边，一看就明白，不会误读。

埃及象形文字有一套自己的规则，像我们汉语有偏旁部首一样，它也有定位的类别符号。比如写国王的话，要专门给他画一个圆圈。

古埃及的僧侣体和世俗体基于日用的便捷需要，写得很快很潦草。但是圣书体一直写得非常工整，直到公元 400 年后的科普特基督教徒还在使用这些文字。再后来就慢慢被遗忘了。

后来人们能破解埃及的象形文字，是因为发现了罗赛塔石碑。罗赛塔石碑因拿破仑远征埃及而被发现。拿破仑很会操控历史文化来鼓动士气，在吉萨金字塔前发动进攻时，拿破仑指着胡夫金字塔、狮身人面像蛊惑大家：勇士们，六千年的历史在瞩望着你们……

为了做宣传，拿破仑专门安排随军记者，随时报道在埃及的战况。罗赛塔石碑就是在那个时候被劫运到法国的（但是今天它并不在法国，而是在英国大英博物馆里面）在法国国内看拿破仑信史报的读者中有一个年轻人叫商博良（Jean-François Champollion）。这人非常聪明，有超群的语言天赋，小小年纪就很轻松学会了各种各样的古老语言。商博良人生最大的成就就是识读了古埃及象形文字。

图 2-4 记载大洪水楔形文字泥版
图 2-5 圣书体

2-6

1822 到 1824 年期间，他全力投入了罗赛塔石碑的研究中。罗赛塔石碑非常特殊，它的碑文由三种文字对照写就，其中古希腊文当时已经能够被认读，循着这一重要线索，逐一对照，商博良判定古埃及的象形文字应该已经是拼音文字了，而不再是象形文字，这是一个很重要的判定。商博良破译碑文以后，就得意扬扬跑到古埃及去，看着象形文字就给人家解读。可惜天妒英才，商博良 41 岁就去世了。去世前，他是法国埃及研究院院长，被尊为埃及学的创始人。

相比古埃及象形文字，汉字的发明和甲骨文的发现都要晚得多。

关于汉字的起源，国内的学界仍有争议。尽管在 1898 年我们就发现了甲骨文，但是我们文字可考的历史没有埃及那么久远。国家搞了一个夏商周断代工程，希望能够有一个明确记载的历史，但考订出一个简表后就没有继续下去，因为确实缺乏足够的文献支持。但考古发现，甲骨文的分布不单在河南安阳殷墟一带，陕西和山东都有甲骨文出土，也就是说这种文字的流传区域已经比较宽广了。

如果认为刻画符号也是文字的话，那中国的文明史就大大往前提了。

仰韶文化就有一堆刻画符号，里面很显然包含着最基本的文字的概念。把马家窑的刻画符号和后来甲骨文字形对照，很明显是可以对应得上的。通常这些符号表示的是一些抽象的数字概念。

中国还有大量关于结绳的记载，结绳也可能是中国文字的来源之一。文字学家徐中舒真的找到了一些例子“十”的金文就是打了一个结的象形字，上古时候，这些形象有可能最终引入文字中。

而我们最终认为，中国的文字起源于甲骨文，通常认为是公元前 14 世纪的殷商时期。除了甲骨文，还有金文、陶文支撑我们的文字体系。

图 2-6 罗赛塔石碑

中国现有文字体系从甲骨文一路绵延下来，所以甲骨文被发现后很快就有学者对它进行了研究。最早发现甲骨文的是王懿荣，罗振玉也搜集了很多甲骨文，后来带着王国维一起东渡日本，不久写出了《殷商书契》，把这些文字识读了。在 20 世纪，绝大部分的甲骨文都被识读了。

2-7

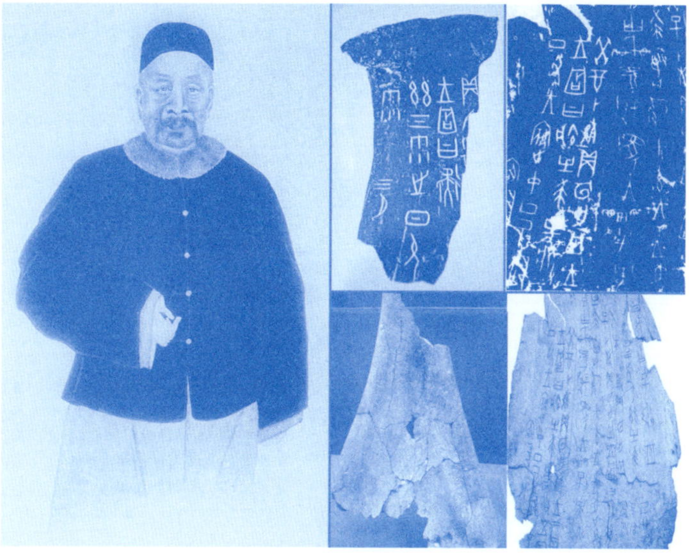

图 2-7 王懿荣和甲骨文

为什么这么快就能识读出呢？因为这是我们文字血脉里面自带的，这种思维还存在于我们血液里面，根本不存在理解障碍。这种文化的延续性放在任何一个使用拼音文字的国家都是很难想象的，他们的普通人能看一千年前的文献吗？但对中国人很容易。

如果我们把几种古文字互相比较的话，会发现由于载体不一样，出现了很大的差别。埃及的象形文字，最经典的文献是写在碑铭上，写在金字塔里面，写在墓室里面，写在方尖碑上，当然也有写在纸莎草上的；苏美尔人的楔形文字表现出更强的世俗性，比如记账，与日常生活更密切。这两种文字都写、印、刻在比较常见的材料上。但是中国的甲骨文一开始所用的刻写材料就非常稀少。甲骨文刻写在龟甲上面，在殷商时代，这些龟甲往往来自南方海边。龟甲用来占卜，在古代，大到战争，小到怀孕生子，都要占一卦。占卜是对神意的窥探或者探寻。

除了三种主流的象形文字，还有玛雅文字。玛雅文写本，据说全世界只流传下来三本，弥足珍贵。今天印第安人还有四百多万人能说玛雅话，这种语言与文字只是被推到了一个大家看不见的地方，它并没有消失。通常认为玛雅文字是在公元之交创设，但是现在的研究又把时间往前推了几百年。最近几十年，玛雅文字研究应该会有新的成果。

天主教徒到了美洲以后毁掉了大量的文献。西班牙、葡萄牙的天主教徒对异教文化非常敌视。由于他们经过几个世纪的异教徒的统治，又花了二百多年才重新恢复天主教，他们有更强的身份意识，这种宗教激进主义的倾向驱使他们去拓展上帝的领地，西、葡两国跑到教皇那获得特许状，两半瓜分世界。整个美洲大陆最先涉足者就是西、葡两国。

2-8

2-9

文字带来文明的定型，构建自我身份意识，但是，如果这个文明没有普世的情怀，反而容易成为互相攻伐的刀剑，文明的副产品非常反文明。

古文字发展的历史非常漫长，尽管到处都有神创文字的神话，但实际却是千百年千万人手眼协力、心口相应，一点一滴地创造积累而来。

一种文字如果没有形成较长时间内的连续演变，它很容易中断而失去原始的造字理据，这种打断在古埃及人、在苏美尔人那儿，可能直接促成了文字的拼音化。这两个民族的地理位置优越，土地富饶，是人类最早从事耕作的地方，以至周边山地、沙漠的其他民族不断过来劫掠，城头变幻大王旗：阿卡德人来了、迦勒底人来了、波斯人来了、阿拉伯人来了，最后苏美尔人的文字还在，国家已经灭亡了。在一次次的浩劫中，他们的文字被用来表达一个又一个异族的语言，而文字原本的逻辑理据被弃置一边。虽然苏美尔的文字被系统地

图 2-8 玛雅文经书

图 2-9 哈拉帕河谷古文字印章

保留在神庙中，但是更加残暴的亚述人把神庙也毁了。今天伊拉克北部的那些古老神像多是亚述人的神，又被 ISIS 毁掉了。

所以，苏美尔文字、埃及文字不断变迁演化，原始的象形文字演化成腓尼基字母，再流布各地，最后全球绝大多数的语言都采用了拼音文字。

通常认为最早的比较完备的拼音文字是腓尼基字母。腓尼基是一个非常特殊的民族。腓尼基在希伯来语里的意思就是商人，他们做生意行走四方，只需要记录他们需要的信息就行，根本不会考虑背后复杂的信息。这个习惯后来被希腊人继承，希腊文明是商业文明基础上的次生文明，希腊人把外来的字母整理一番，就形成比较完备的全音素拼音文字，拼音文字至此基本确立。

前面说的那些算筹，包括那些刻画符号，包括人类起初采用的物件记事、符号记事、图画记事，都是文字产生的重要源头。

苏美尔、古埃及文字被拉上了拼音化之路，最后那些拼音化文字又借助宗教传播四方。如果没有天主教或东正教，拉丁字母就不会在欧洲有那么大的使用范围。印度的哈拉帕文字，今天能看到的都是一些小印章。玛雅文字也已经成了“死文字”。这些古老的文字，因为文明的衰落，最后整个文字符号体系成为外来征服者的战利品，去记载和传播外来语言。但在一个原生的文明体系里，文字的原初意义是不容易流失的。

作为表意文字，汉字扛住了时间与空间的一切冲击。

汉字的文化圈

如果我们是拼音文字，“书同文”就很难做到。在辽阔的疆域，人言人殊，五方杂音　舌，根本做不到书同文。即使是今天，如果是采用拼音文字的话，中华文化的统一性很快就会涣散。

以秦代《峄山碑》为例，我们可以从中看到汉字所保留的象形特征。《峄山碑》的重要性在于它为当时提供了一个文字范本。东汉蔡邕的石鼓经文也是如此。这些相当于是古代的现代汉语大辞典。

汉字对中国境内其他民族产生了一系列的影响。宋代的西夏文、女真文等都是汉文字的孳乳衍生文字。它还远播中华疆域之外，对朝鲜、日本、越南等国家产生很大影响，最终形成了一整套东亚符号体系，促成了一个东亚价值体系。这是一个儒家文明圈，也是一个汉字文化圈。

1898 年“百日维新”失败后，梁启超亡命日本，虽然语言不通，却是文字可读，交流没有问题，直接写字就可以沟通。韩国世宗苦心创制自己的谚文字，其文字虽然是拼音化的，却刻意保留方块字的二维体型，可见汉字巨大的影响力。越南现行拉丁化国语字的音节不多，原因是 17 世纪时西方传教士对其文字进行拉丁化拼写的再造，音节分化也就不是很充分。

文字记载传承文化，“书同文”是我们的文明能够存续的根本。

21 世纪有一个疯狂的梦想，如维基百科：“希望跨越文字，跨越民族边界，进行知识分享。”巴别塔的乌托邦从未在我们心中走远。

在互联网时代，在巨大的信息传输能力的基础上，人类似乎只需要图像，不必仰仗文字就可以明白表达了。其实不然，人们没有办法用图像思考，但仍需要用语言表达，文字更可以致精微。

在图像充斥的 21 世纪，我们可以看到，文字还在，仍旧笼罩在图像之上。

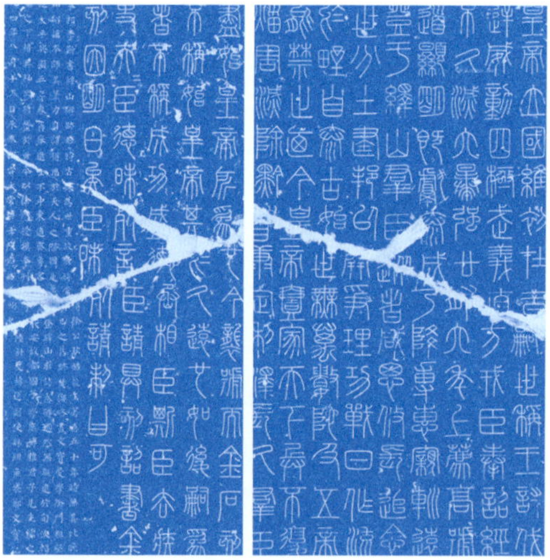

2-10

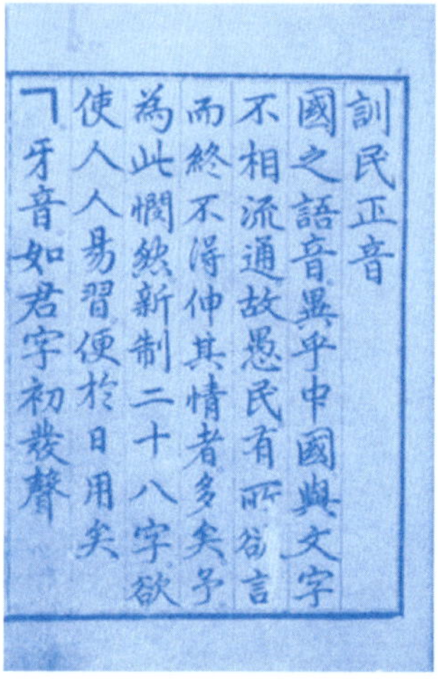

訓民正音
國之語音異乎中國與文字
不相流通故愚民有所欲言
而終不得伸其情者多矣予
為此憫然新制二十八字欲
使人人易習便於日用矣
ㄱ牙音如君字初發聲

2-11

图 2-10 小篆《峄山碑》

图 2-11 韩国世宗创制的谚文

从书写到印刷——宋体字的产生、发展、功用、形式美

张抒

张抒

南京艺术学院教授，硕士生导师。从事平面设计专业的教学与研究，2013 年出版专著《美哉宋体字》。

概述

中国的传统文化，就像人的基因，有一种连续不断的内在联系。宋体字既然是一种文字的体式，也就离不开汉字。而它的产生又与雕版印刷直接相关，无疑也成为印刷的一部分。从它的发生、发展及其现代应用来看，除了印刷术外也当与古代的文字学和书法相联系。一个从事平面设计的人，如果想要真正理解宋体字的奥妙，就必须了解它的源与流，从这个过程中认识前人所费的苦心和智慧，并与其他各种字体、书法等进行比较，进而深刻地认识宋体字。

在中国文化史上，宋体字的产生和形成，是一种特殊的现象。严格地说，它不是文字学中字体的流变。从用笔写字的角度看，最早的象形字是很难写的，可以说象形字就是画字，之后由“影绘”式的图形变成了笔画，即大篆和小篆，但是写起来笔顺不畅，仍然不方便。直到有了隶书和楷书，才由笔画到笔顺，写得通畅起来。至于行书和草书，则是为了写得快速，有的将笔画连接，有的索性省略一些笔画。一般的行书比较好认，有的草书过“草”，反而不易认了，致使事物走向了反面。我国历史上出现的宋体字，都与这些字体的演进无关，也不是为了大众书写的方便，纯粹是为了印刷雕版的需要，是在版刻过程中，刻工为了版面的规整和走刀的便捷创造出来的。如今印刷之发达已从根本上改变了传统雕版印刷技术，但作为一种字体，由于其形式上的整齐和美观，反而被保留了下来。

作为一种通行的印刷字体，宋体字的字形方正，笔画横平竖直、横细竖粗、棱角分明，有极强的笔画规律性。无论字形的笔画多或是少，无论文字的排列纵或是横，起伏相让、笔画交错得当的字体结构，极显舒展大气。结构的严谨、整齐和均匀，更能使人在阅读时有一种舒适醒目的感觉。而这都是因为在印刷术的历史发展中，传承了中国楷书的精神，融汇了宋代以降人们的审美观念与审美理想，逐步形成了这种程式化的文字造型模式和组合规范，使得它的笔画结构具备了合乎数学规律的美的特征。端庄大方、刚柔相济、方正平稳、对称均衡、赏心悦目，以适应出版印刷业的要求，它之所以能够作为印刷字体的主流，主要源于其便于刻版的特点。

是中国书法和雕版印刷的结合产生了宋体字。因此，宋体字不但有中国书法的魅力，还具有雕版印刷及木版刀刻的韵味。当我们追溯雕版印刷术与汉字印刷体的发展这段历史时，不禁大感惊讶，因为从雕版印书有明确记载的唐代贞观年间开始，到形成印刷书体的明代正德、嘉靖年间，前后竟有长达八九百年的时间。直至今天，宋体字依然被中国人广泛推崇，这应该与它所追求的精致的精神内涵不无关系吧！

但是，宋体字并非书法，难以用毛笔书写。因为书法是与毛笔的书写相适应的，每种字体以及字体的流派，都有一套书写的规范。譬如，楷书四大家的欧阳询、柳宗元、颜真卿、赵孟頫，从握笔、起笔、行笔到顿笔、落笔，都有不同的方法，强调运笔的中锋、偏锋、转角、顿挫和倒插笔等，所以书法亦即“法书”，一笔而就，不能描画。行书和草书尤其如此。因雕版印刷而形成的宋体字，虽然也有规范，但不是出于毛笔的书写，而是由刻刀决定的。在现代胶版印刷和照相制版兴起之前，即一二百年之前，曾一度流行过“石印”，可以将文稿以较小的印刷误差直接印在空白纸页上；为了模仿宋体字，也出现过一些能用毛笔直接书写宋体字的人，他们有的写得很熟练，但写者如刻，操作很慢，实际等于“画”字。现今在扬州广陵刻印社和雕版印刷博物馆里，还有掌握这种特技的人，但是已经极少了。

在书法史中，常提到篆书（钟鼎文、金文）中的鸟篆和虫书，即在个别笔画上画上一个鸟头或作软体虫的屈曲，那是有意的装饰，同时也与书写的工具材料有一定的关系，并非一笔写就。秦汉时代的瓦当文字，是在圆形和半圆形的当面上用篆书作吉祥语或建筑铭记。文字适应圆形，因而在结构上作了适应性的变化，但在制瓦的模具上是画的，而不是直接写的。用现在的话说，是典型的“美术字”，属于设计艺术，而不是书法。在民间还有一种所谓“飞白板书”，是用特制的板刷写出的。其风格虽带有“写”的韵味，但究其性质，也是一种艺术的设计。

一、雕版印刷技术催绽的美术字

中国是发明造纸术和印刷术的国家，这两样伟大的创造在人类文化发展史中产生了巨大的影响。纸出现于汉代，距今已近两千年，最早的纸本印刷术，是将木版雕刻后用墨印刷的，这种方法延续了一千多年。改成铅字，用机器印刷则是近一百多年的事。现在除凸版的铅印之外，很多书籍报刊已改用了数字化制版和平版胶印。但是，作为基础的印刷字体，却是由木版印刷形成，不断演进，最终形成今日通常所称的“宋体字”。

宋体字的出现，不仅与客观上雕版技术的要求有关，同时也是为了协调汉字之间组合与笔画多寡悬殊的关系，从而也增强了大统一之下的变化之美。

宋体字成为规范的印刷字体，是从清代开始的，在此之前各种字体不定。宋体字虽然指的是一种字体，却不是用于书写，也不属于书法，若在艺术中定位，应该是一种印刷字体的设计。汉字涉及的学问很多，除了文字学和语言学这些大学科之外，如书法、碑刻、印章等，都属于汉字学的范畴。在汉字的众多体式中，宋体字是印刷中用得最多的代表性字体。如果从传播学的角度看文字，汉字是人类使用最多的文字，而在汉字的样式中流行最广的，又莫过于宋体字。宋体字的历史脉络当与古代文字学、印刷术、书法等相联系。

二、宋体字与印刷字体的演进

汉字的形体结构完善于隶书，其发展脉络也以隶书为界，隶书之前称为古文字，隶书以后称为新文字。汉字的古文字时期自原始社会新石器时期的陶器刻绘符号起，历经商代的甲骨文、周代的青铜器铭文，春秋战国时期的金文，到秦汉时期的篆书，其间经历了漫长的发展。在这个过程中，是图画的表达方式催生了文字的从无到有，并由此拉开了文字印迹的序幕。

虽然我们说文字源自图画，但图画却不等同于文字。最初的文字是可以读出来的图画，而图画却不一定都能读。早期的文字是书契，“书”是由图画而来，“契”是由记号而来。所以最早的书写是捉刀代笔，凡刻竹削牍、镂金勒石，皆为刀做字之先河。我们现在所能见到的与文字起源有关的实物资料就是陶片上的刻画符号，即陶文。这是在中国的史前期以及有史早期，在汉字产生前，最像文字的符号。从已发掘出土的资料来看，陶文有很多，但它不像甲骨文那样有成文的篇幅，而只有单个的符号。陶文是否就是汉字的远祖？古人想表达什么？抑或暗示什么？它的出现是否表明人类记事方式的进步？这些都是很值得我们去研究的问题。

随着书籍形式的发展变化，其字体也随书风而变。在雕版印刷术大盛的宋代，唐代书法家方正的楷体成为出版业者刻书时重要的范本。到了元朝，赵孟頫的字体风行一时，这种现象到明代初期依然可见。至正德、嘉靖年间，复刻宋本的风气兴起，字体不再有宋元本的雅致，但也优美悦目。其后，随着出版业的竞争日趋激烈，书坊逐渐发展出一种横轻直重，易于施刀的工整字体，其时称作“宋体”，其标准化的字样对写工或刻匠都比较便利。从此之后，宋体遂成为出版界使用最广的字体，即便到晚清的铅字，甚至到今天我们电脑上使用的“细明体”，论其根源，都是从明朝的宋体所发展出来的。18 世纪末，日本制造铅字字模，使用的也是仿自中国明朝万历年间的刻书体，所以日本人一直称宋体为“明体”或“明朝体”。而事实上，这一叫法是有道理的。因为宋体字作为主流印刷字体的确立在明代，而不在宋代。此外，清康熙十二年（1673），皇家补刊的《文献通考》之序文中，康熙帝明确规定：此后刻书，凡方体均称宋字，楷书均称软字。

还有仿宋体，意思是仿照宋本书上的字体。这种字体笔画横竖适中，其中横的笔画略显左低右高的倾斜，字形中依旧保留着较多的书法（楷书）特点。可以说是一种采用了宋体结构、楷书笔画的字体。其实，仿宋字应该是和老宋字同时出现的，我们看到用老宋字刻书的双行夹注，就是横竖均匀的仿宋字体。

宋体字的刻版，大都先有专业的写工在薄纸上写好，然后转摹到木板上，再由刻工完成，所以叫“写刻”。宋代的写工（即唐代的经生）没有同时代的书法名家的楷书可仿，自然要追仿前时代的名家楷书。于是，在宋版书上，出现了尊崇唐代书法家字体的客观事实，并且，有一部分刻书人开始着意追求雕版印刷品的品质，追求印刷书籍的文字阅读性。宋刻，大都书写肥瘦有则：肥者学颜，瘦者学欧，字势皆生动，所谓“藏书贵宋本”就是因为宋版书籍摹写精、雕印佳、书版有了固定的形式，加之写工的一手好字，而后由技艺熟练的刻工操刀，这种雕镌、摹印不苟的做法也造就了宋版书籍的冠绝古今。

三、宋体字的结构之美

作为印刷体，其主要功能是排印文字读物，这就需要有严格的规范。也正是在这种不断的发展成熟和改造完善中，宋体字逐渐形成了一套有规律的程式化雕刻方法。

早期刻书字体多采用名家字体，名家风格固然珍贵，但要求写字、刻字皆精工细作，否则很容易失去本来的神韵，表面模刻犹如东施效颦，其价值反而一落千丈。宋体字是一种机械图案式的字体，写和刻都不存在字形失真的问题，这就允许刻工按照自己最方便的雕刻刀法去生成字形，而且宋体字笔画的布局和笔形装饰都便于走刀。

由于雕版所使用的印版是木质的，在印量过大时会有版面缺损，最严重的当数掉笔画。手写字体的雕刻，笔画弯曲游走时往往会留下许多细微刀伤，成为印版损坏的隐患。宋体字的笔画平直，刻刀随笔形转弯的概率，比手写字体小得多，再加上宋体字的竖画有意识地加粗，相应地提高了印版寿命。

在宋版书中，有肥体和瘦体两种风格之分，肥体笔画粗壮，相应地笔画间空隙较小，再加上结字宽大，字与栏线间的空隙变小，会给人一种版面繁密、黑乎乎一片的感觉；瘦体虽清爽悦目，但笔画太细又易导致印版寿命缩短。成熟了的宋体字则利用了汉字横笔画多于竖笔画的特点，将笔画较少的竖笔加粗，横画细一些，这样就合理地解决了笔画间隔的问题，包括字与栏线的间隔、笔画宽度与印版寿命、墨色的均匀程度等一系列问题，同时也解决了印刷工艺和阅读的舒适性的问题。

从审美角度看，汉字之美的一个重要特点就在于它的丰富性和多样性，而这种既丰富多样又能协调统一的根本原因就在于汉字的字架结构。横、竖、钩、点、角、撇、捺、挑，八种笔画交错搭配，都能按照笔画的多少和笔顺的关系进行有序经营，从而使得每个字都能处理得尽善尽美。

我们已经知道，印版的基本格式源自最早甲骨文的书写结构以及简牍的书写传统，文字既然竖排，横向的限制就大。因此，一个字的横画可多，但竖画不能太多，因为横画多，为了外形的方正，就要写得细一点了。所以横要细、竖要粗，这是前人在长期的实践中提炼出来的经验。

汉字最初是竖长方形，随着文字结构形式的逐渐规范，汉字基本上都呈正方形，数以万计的汉字，每个都不一样，为了排列整齐，不论笔画多少，每个字都必须限制在统一大小的方格内，所以又被称为“方块字”。

方块字排列起来有很多便利，其中最大的优点就是既可竖排，又可横排；既可自左向右阅读，也可自右而左排列。古代印书喜欢文字竖排，即使出现横排，也是自右而左，与现在通行的格式完全相反，但是，并没有因此造成阅读的不便，真可谓横竖由之。

虽然宋体字大体特征相同，但仔细观察可以看出，对于个别笔画的处理，有的变化很大，究其原因：一是为了奏刀顺手，二是为了字形的稳重美观。文字笔画的设计是构成其审美的必要前提，旧繁体中“文”字的一捺，为了使左右平衡，将起笔改成了一挑，多了一画，这样做的目的就是为了字形的稳重美观，以及使文字排列整齐。再比如“説”字的偏旁，其“言”字之点变成了横画，而“兑”字的一点一撇则变成了“八”字。

为什么要把字的笔画做特殊的处理？其实也是刻工巧妙用刀的一种结构调整：减少重复用刀，减少奏刀次数，变多刀为少刀，变曲线为直线，变复杂为简单。

从古代的雕版刻字到后来的铅字，直到现在的电脑打字，每个字的所谓“方格”，其实只是设计者的预定，阅读者是看不见的。

为什么众多的方块排列起来显得疏密有致，并不感到拥挤呢？因为在预定方格时已经为这些字做了周密的考虑，这就是字在方格中须严格遵守两个规定：一、所有的字不论笔画多少，都不能占据方格的四角，必须将四角空出；二、所有的笔画只能起笔、落笔的一点顶边，而不可将笔画的大面靠边。具体的处理方式有这么几种：

1．四边与四角的处理

- 空出四角不撑满

譬如一个“十”字，只有四个点靠边，但排列起来并不感到空虚。因为每个字笔画多寡不等，排列起来要求匀称，不能感到有松有紧，唯其如此，才能排列有序，有条不紊。

- 所有笔画只能起、收笔顶边

譬如“口”字和“国”字一大一小，反觉得协调，如果“口”字和“国”字的大口框一样大，势必会感到前者太空。所以，字的实际大小和视觉的感受并不完全一致，这就要看具体情况，相宜行事。

2．横画或竖画较多的字的处理

- 以中轴的笔画或成组（成字）的笔画，控制整体，偏倾则失调

如“渐”字的中轴竖画，应强调左右相称；“事”字的中轴笔画因为带钩，应移右一点，给“钩”一点“施展”的空间。

“删”字有六道竖画、三个钩，这就需要将其中“册”字的左右部分适当调开，一上一下，但不能距离太大，再将钩适当缩短。

“圖”字的处理须注意上边的“口”和下边的“回”的比例适中，两者之间贯通左右的横画，不能太靠上，也不能靠近中间。

3．横竖直画的斜处理

- 保持平稳，一道横画或一条竖画须做适当倾斜

横画与竖画能在字的结体中起到骨架作用，但若遇到特殊情况，为了取得字面的均衡，一道横画或一条竖画必须适当倾斜，才能保持平稳。这是精微的经营位置，否则便会失去重心。如“七”右下边过重，上边的横画必须向左下方倾斜；同样“斗”左上方过重，下边的横画必须向右上方倾斜，才能保持平衡。

有一些长撇，上端须保持垂直，以起竖画的作用；有些带钩的竖画，近钩处须有一段弯曲。直画的斜处理，主要是掌握字的端正，避免重心的偏倾，失去平衡。从形式美的角度而言汉字是很讲究分寸的。

4. 结构重文字

• 笔画相互交错，才感结构紧凑

在汉字中有不少的重文字，有二字相重的，三字相重的，甚至四字相重的。从字义内容上看，重文相连可以辨识，但在单字的结构上会感到不相协调，感觉是硬拼在一起的。譬如两个“木”字左右并列，组成“林”字；两个“火”字上下重叠，组成“炎”字，倘若每个单字都严格遵循“正确”的写法，会让人感到结构生硬，不像是一个“正规”的字。若将为从的一个重字之笔画做改动，将“木”和“火”字之捺改成“点”，两个字看起来就紧凑而密不可分了。

• 点的笔画与正反

汉字中有很多“点”：宝盖点、两点水、三点水、言字旁点、衣字旁点、示字旁点、广字旁点、病字旁点、竖心旁点、立字头点、小字头点、爪字头点、羊字头点、米字头点、走之旁点、门字框点、心字底点、四点底等。点的形状有大有小、有长有短；有的上挑，有的四联，有的反转。有的点如水滴，弯向一边；有的切平一面，有的如三角略圆。如将笔画作构图，“点”应该是最活跃的因素。

• 笔画重撇字

“撇”的笔画，修长而斜置，不仅是横细竖粗笔画对比的缓冲，也是一种优美的调剂。但是撇多了也会造成相反的效果。

如果有两撇通向一个左下角，按照只能“点顶边”的原则，就得上撇顶左边，下撇顶下边；如果三撇并列，只好有长有短。譬如一个“爹”字竟然有六撇，可要用心安排，否则“他”会生气的。

• 没有直笔画的字

没有横画，没有竖画，仅是撇捺点挑笔画组成的字，这类字的架构难度是很大的，犹如建筑没有梁柱，全用斜杆支撑，在视觉上如何安排得错落有致，全靠匠心的巧用。一般来说，撇与捺的交叉，其交叉点不能偏下，“人”字形的三角弧线不能过曲。

• 方形下部缺角的字

方块字贵在见方。但是设定的方格并不显出，是由笔画的交错构成方形。如果文字的下部没有笔画，或者一角阙如，处理不当，则会造成倾斜歪倒的感觉。“乒乓”两个字，是比较稳定的，因为上部的“丘”字有横竖立住，下边的“乒乓”也不会搅乱整体。其他的字便较难处理，关键是上部要端庄平稳，就像悬岩寺一样，没有底脚也能悬空了。

中国人从小在一个个小方格、大方格中练习写字，老师要求根据字体的笔画顺序把字端正、均匀、居中地写在方格内，不能偏格也不能逾越方格，要在这方格内经营笔画的位置，相互谦让，安排好每笔每画，利用好每一小空间。汉字有一两笔画的字，也有十几笔画的字，如“丁”和“毫”字，怎样安排好字的笔画关系及少笔画和多笔画的黑白轻重的协调问题，都须灵活对待。正是这些因素，养成了中国人做事规矩守信又善于经营位置的国民性。中国字的“田”字也是格子，表明被分割划分的水田，传统的中国人守在一亩三分田的格子里，精耕细作、互助互让、充分利用、以小做大、舒舒展展、游刃有余，居然也可以养活全家人。

宋体字直接传承了楷书的精神，不着痕迹地把楷书转变成了印刷宋体字，并深深影响了我们的审美趣味。宋体字方正平稳、对称均衡、起伏相让的字体结构，端庄典雅、舒展大气、利用得当、追求精致的精神内涵，都无时无刻不在影响我们的行为。

四、现代演绎

进入现代文明之后，汉字也成了中国平面设计中最重要的元素。如何在吸收传统汉字创意之精华的基础上，创造出与时代理念相一致的汉字图形，便成为现代平面设计师关注的问题。从元素来看是中国的，从创意的理念与形式来看又是国际的，汉字的图形设计也随同设计文化由现代进入后现代，其形式之多样、使用面之广可谓前所未有。但是，历史不可能被隔断，无论现代汉字演绎出如何丰富多样的形式，却永远与辉煌的传统一脉相承。

“便化”，即便宜变化，指图案学在不改变原物性质、特点的前提下的适应性变化。宋体字是图案化和几何形化的汉字，庄重大度，最有中国气派，也最适合于“便化”。宋体字不是楷书，但楷书的特点全被吸收和融化了，它也有横、竖、撇、捺、钩、点、角、挑，保留了起笔、顿笔等运笔特征。

就全世界的文字看，包括古埃及的象形文字和现代西方的拼音文字，没有一种文字像中国的汉字，从内容含义到外表形式，如此复杂和多样。这是它的长处，能够引起丰富的想象，但儿童识字难，也是它的弱点。

作为中国印刷体的宋体字，与西方印刷体之罗马体相配套，排印在一起，相当吻合，风格一致，好像是经过了统一的设计，实际完全是两回事。宋体字如前所述，是传统文字演变的结果，而罗马体则是由太阳照射碑石而形成的。据说最早的哥特人在石碑上刻的文字是等线的，如现在的黑体。因为笔画凹进，经阳光照射，有的变成阴影，有的只显边沿，有粗有细，带有一种节奏性的变化，便是现在的罗马体。虽然文化有“九九归一”之说，但这两种源流相距实在太大，表面形态的相似也只能说是巧合罢了。

汉字之美的多样性和丰富性只有真正去体会、去研究才能感觉。作为一名设计师，能够自觉意识到本国文化中的特质是很有必要的，而汉字本身就是表意炼形的典范，在此基础上所做的装饰变化，或夸饰、或添加、或附以相关形象，可谓美意流连，气象万千。只有用心去感悟中国的传统文化，在汉字意趣匠心之中谙其奥妙，领悟其精神，融会其方法，才能发现并传达汉字之美。

社会作用

复古之路——字体设计中的复古尝试 _ 孙明远
字体的气质——革命中的字体设计 _ 李少波
从上海到中国——记上海印刷技术研究所的字体研究室 _ 吴轶博

当人们知道“我从哪里来”的时候，似乎就很容易回答“要往哪里去”的问题。

前进需要方向，首要的任务就是要知晓此刻所处的坐标位置，这个坐标若没有参照原点就无从谈起，有道是“借古开今”，这是人类前进的一个很重要的原则。“古”可以比作原点，有了原点的参照我们才能清晰自己的定位，我们才能走得更远，对于字体的发展也是如此，如同许慎的《说文解字》脱离不了“六书”的理论，宋代的雕版印刷字体逃离不了唐楷的羁绊一样，只有在历史积淀的基础上才能有更好的突破。

近代以降，中国科学技术水平是落后于西方的，“西学东渐”虽然大大提高了中国的印刷效率，但就汉字字体的质量来说还不尽如人意，技术可以学习借鉴，就字体而言，别无他法，唯有借古，方能开今。丁氏兄弟的尝试显然是有成效的，清末民初之际，很多在字体上“借古”的尝试都发挥了很大的作用。无独有偶，上海印刷技术研究所字体研究室创始之初的方针就有“整旧创新并举，由整旧起步”的描述，这也是“宋一体”产生的直接背景，其影响的涟漪直到今日。

字体的发展往往不是简单的，它似乎是偶然和必然的结合体。“书同文”可谓是意识形态的举措，但却催生了“隶变”，当文人们都倾慕“软体字”时，时代却造就了“宋体”。当书写者乐此不疲地陶醉于字体中展现自我的时候，一声令下，他不得不去除所有的个性而单纯地表现文字的清晰可识别性。这种错综复杂性正是字体设计研究的魅力所在。

复古之路——字体设计中的复古尝试

孙明远

孙明远
日本九州大学设计学博士，西北大学艺术学院副教授、硕士生导师。主要研究方向为中日平面设计史、活字字体史。2018 年出版专著《聚珍仿宋体研究》。

一

从 2012 年开始，我一直在调查中国历史上非常著名的一款字体“聚珍仿宋体”。虽然从开始调查至今已有五年的时间了，除了查各种各样的资料外，我还翻阅了大约三十年的《申报》，但是能力所限，即便这样也没有获得什么成果，非常惭愧。

《复古之路——字体设计中的复古尝试》是一篇命题作文。我首先会用比较长的篇幅介绍为什么会有“复古”现象出现，然后以聚珍仿宋体为中心，谈一下汉字文化圈中的复古意味着什么，最后再聊聊我认为应该怎样复古等问题。

现在有手机，有平板电脑，但在这些移动终端出现之前，活字可是唯一的大规模传递信息的载体。活版印刷技术是中国的四大发明之一，是极伟大的发明。北宋的毕昇发明了活版印刷技术，到元代的时候，王祯又发明了排字盘，清代木活字已经开始大规模应用。张秀民先生在他的《中国印刷史》里面提到，木活字甚至可以当作动产进行抵押。《武英殿聚珍版全书》就是乾隆年间大规模使用木活字印刷的典型案例。

同为活版印刷技术，古登堡发明的是铅合金活字，这与中国古代的木、陶或其他金属材质有本质的不同。古登堡发明的活字实际上是一种精密的工业产品。虽然中国的雕版印刷技术和活版印刷技术中也存在一定的规范，但是并没有古登堡发明的西式活版印刷技术中存在的严格的比例关系。比如初号字是二号字的四倍，一号字是四号字的四倍，二号字是五号字的四倍，五号字是七号字的四倍，三号字是六号字的四倍而六号字又是八号字的四倍……更重要的是，这种比例关系最终反映到印刷品的尺度之中。所以，我们在谈文字设计的时候，活字是一个最小的最核心的尺度。【图 4-1】

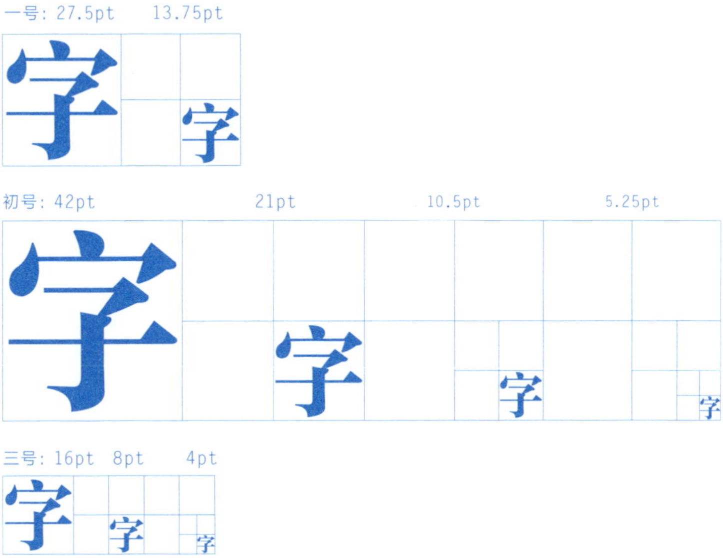

图 4-1 以五号字为中心展开的活字号数体系

4-1

二

遗憾的是，以西式活版印刷技术来开发汉字，实际上不是中国人、而是西方人开始的。西班牙门多萨（Juan González de Mendoza）的《中华大帝国史》被认为是最早使用汉字的欧洲书籍。后来欧洲人开始大量使用汉字来出版印刷物，比如坎普佛（E.Kaempfer）的《异域采风记》，然而这本书里面一些字实际上是无法识读的，它仅仅是模仿日本的雕版印刷品中的汉字雕刻的。这表明当时的欧洲人并不懂汉字，他们开发的汉字仅仅是为了使读者赏心悦目，是满足异国情趣的猎奇的图像表现，而没有将汉字看作有信息传达作用的语言载体。因此这些出版物只停留在外观的模仿上，错字很多，很多汉字甚至无法识别。

17、18世纪大航海时代以后，地球村逐渐形成。在全球化的背景下，以法国为中心，欧洲的汉学获得了极大的发展，并进行了各种汉字字体的开发。此外，教会的海外扩张也形成了推动汉字开发的重要力量。教会为了向全世界各国传教，需要使用各种语言来印刷《圣经》及祈祷文。当然，他们也为了向中国人传教而开发了金属汉字。

对于外国人而言，比如《康熙字典》需要六万多字，这是一个令人窒息的庞大数字，即便是日常印刷也最少需要六千多个汉字，这些汉字的雕刻对于欧洲人来说是极为困难的。为了汉字字体的开发，欧洲人基于一种合理的方法开发了拼合活字，他们把汉字按照汉字造字理论将偏旁部首拆成各个部件，无法拆开的独体字原样雕刻。据说用这种拼合活字的方法，仅仅需要九千个部件就可以拼合成三万余个汉字，这是非常了不起的创举。拼合活字的方法，与今日数字汉字字体设计的方法是共通的，极大地提高了当时汉字设计和制造的效率。

传教士和西方殖民势力进入亚洲，特别是进入中国以后，欧美诸国的传教士就成了开发汉字的核心力量，汉字字体开发的中心也从欧洲转向中国及周边国家和地区。为了向中国的民众传教，欧美传教士开始关注汉字金属活字的开发活动，英国传教士罗伯特·马礼逊（Robert Morrison）甚至将如何以低廉的价格获得中文活字，视为向东南亚及周边岛屿进行知识普及与传教所需要进行的最重要的课题。马礼逊认为，在未来，中国的民众将会在基督教的影响下创造新的文化，而中文活字将为此做出巨大的贡献。同时，传教士们还针对成本进行了核算，他们认为，相比雕版印刷而言，西式活版技术更省人力物力，更有效率，更节约成本，更符合知识普及与传教的信息传播要求。

传教士们将马六甲以及印度的赛兰坡等地视为向中国和东南亚等地传教的据点，大量开发亚洲各地的文字，也使用中文印刷《圣经》。

1814年，英国传教士马士曼（Joshua Marshman）使用直接雕刻法和铸造法制造的宋体活字印刷了《中国言法》，这是欧美传教史上在中国国内最初使用中文金属活字印刷的出版物。后来马礼逊又印刷了中国历史上第一部英汉字典——《华英字典》。

这一时期，欧美人制作汉字活字使用两种办法。第一种方法是古登堡发明的欧洲传统的钢模冲压法。先在一块软铁上反向雕刻文字，然后将软铁加热使其变得坚硬，再利用敲击的方法使文字在铜上形成字模。这种方法对于笔画少、结构单纯的拉丁文字来讲是有效的，对于笔画繁多的汉字，比如有六十多个笔画的“𪚥”字，无疑是无法用钢模冲压法制作的。另一种方法就是用雕刀在铅坯上雕刻，一般称之为直接雕刻法。传教士戴尔（Samuel Dyer）觉得用直接雕刻法制作的文字非常不好，就尝试使用钢模冲压法来做汉字。戴尔一共做了 24 点和 13.5 点两种尺寸的活字【图 4-2】，其中 24 点字又被称为“香港字”。伦敦教会的同僚、印刷技术专家麦都思（Walter Henry Medhurst）高度赞扬了戴尔的活字，认为它印刷鲜明耐久，字体则具有强烈的中国风格，在完成度上绝不亚于中国雕刻工匠的最高水准。当然，这里不得不强调的一个重要问题是，虽然西方传教士主导了汉字金属活字的开发，但是，在开发汉字活字的具体过程中，雕刻活字的工匠主要是中国人。

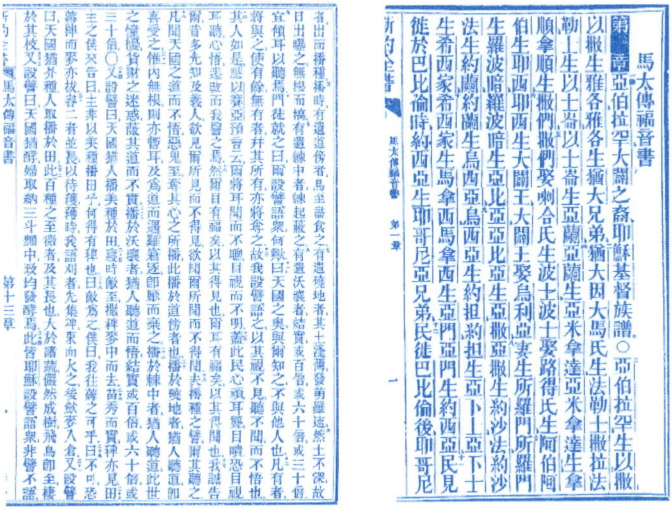
马太傳福音書
第一章 亞伯拉罕大闢之裔耶穌基督族譜○亞伯拉罕生以撒以撒生雅各雅各生猶大兄弟猶大因大馬氏生法勒士撒拉法勒士生以士崙以士崙生亞蘭亞蘭生亞米拿達亞米拿達生拿順拿順生撒們撒們娶喇合氏生波士波士娶路得氏生阿伯阿伯生耶西耶西生大闢王大闢王娶烏利亞妻生所羅門所羅門生羅波暗羅波暗生亞比亞亞比亞生亞撒亞撒生約沙法約沙法生約蘭約蘭生烏西亞烏西亞生約担約担生亞下士亞下士生希西家希西家生馬拿西馬拿西生亞門亞門生約西亞約西亞民見徙於巴比倫時約西亞生耶哥尼亞兄弟民徙巴比倫後耶哥尼
新約全書 馬太傳福音書 第一章 一

4-2

1842 年，随着《南京条约》的签订，西式活版技术也伴随着有了自由传教权的传教士进入中国。这一时期对汉字开发技术影响最大的是美华书馆。

美华书馆原本叫“华英校书房”，后来迁至宁波，改称“华花圣经书房”，最后落脚上海，更名“美华书馆”。在宁波期间，美国长老会教派有一个传教士，叫姜别利（William Gamble），被派往宁波，负责印刷工厂的工作。姜别利也是一个印刷工人，他比其他传教士更为深刻地理解西式活版印刷技术和活字印刷技术。抵达宁波后，姜别利进行了中文使用频度调查。我们知道汉字多达数万个，这么多汉字全部进行铸造并保存在印刷工厂中是不大可能的。姜别利考虑的是怎么确定这些汉字中最为常用的汉字，从而达到以最少的字模完成日常印刷的目的。他调查后认为，如果有五六千个活字就足够日常印刷使

图 4-2 由戴尔首创的 13.5 点、24 点活字，戴尔殁后，由柯里完成（小宫山博史藏）

用了，这和现在的第一标准相差无几。

姜别利对东亚汉字文化圈有一个非常突出的贡献，就是采用了一种叫“木刻种字蜡型电镀法”的方法开发字模：先用木材刻字，再通过蜡型、一次电镀、二次电镀，最后完成字模。因为电镀比较薄，所以背后会加一些补充材料来增加它的强度。以前无论是直接雕刻法还是钢模冲压法，都难以做出小型活字，但是姜别利用木材来做种字，使得即便是非常小的活字也能有较好的精度。小宫山博史在长期的研究后指出，姜别利做的字就是五号字和六号字。其中五号字的质量远远超出了之前以戴尔和马礼逊为代表的欧美传教士的活字。【图 4-3】

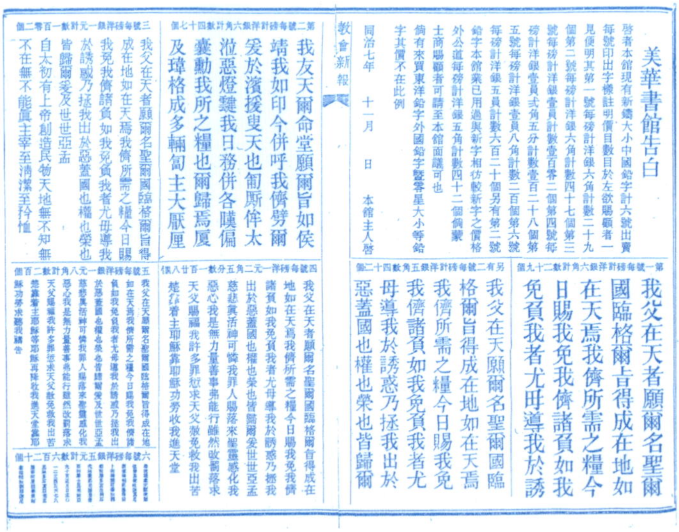
教會新報

美華書館告白

啓者本館現有新鑄大小中國鉛字計六號出賣每號印出字樣註明價目數目於左欲賜顧者一見便明其第一號每磅計洋銀六角計數二十九個第二號每磅計洋銀六角計數四十七個第三號每磅計洋銀壹員計數壹百零二個第四號每磅計洋銀壹員式角五分計數壹百二十八個第五號每磅計洋銀壹員八角計數二百個第六號每磅計洋銀五員計數六百二十個另有第二號鉛字本館業已用過與新字相彷較新字之價格外公道每磅計洋銀五角計數四十二個倘蒙士商賜顧者可請至本館面議可也

倘有來買東洋鉛字外國鉛字暨零星大小等鉛字其價不在此例

同治七年 十一月 日 本館主人啓

第一號每磅計洋銀六角計數二十九個

我父在天者願爾名聖爾國臨格爾旨得成在地如在天焉我儕所需之糧今日賜我免我儕諸負如我免負我者尤毋導我於誘

另有二號每磅計洋銀五角數四十二個

我父在天願爾名聖爾國臨格爾旨得成在地如在天焉我儕所需之糧今日賜我免我儕諸負如我免負我者尤毋導我於誘惑乃拯我出於惡蓋國也權也榮也皆歸爾

第二號每磅計洋銀六角計數四十七個

我友天爾命堂願爾旨如俟靖我如印今併呼我儕劈爾爰於濱援叟天也匍斯倖太泣惡燈鞿我日務併各嘆偏囊動我所之糧也爾歸焉厦及瑋格成多輛匐主大厭厘

三號每磅洋銀一元計數一百零二個

我父在天者願爾名聖爾國臨格爾旨得成在地如在天焉我儕所需之糧今日賜我免我儕諸負如我免負我者尤毋導我於誘惑乃拯我出於惡蓋國也權也榮也皆歸爾爰及世世亞孟

自太初有上帝創造民物天地無不知無不在無不能真主宰至清潔至矜恤

四號每磅洋一元二角五分數一百廿八個

我父在天者願爾名聖爾國臨格爾旨得成在地如在天焉我儕所需之糧今日賜我免我儕諸負如我免負我者尤毋導我於誘惑乃拯我出於惡蓋國也權也榮也皆歸爾爰世世亞孟慈悲真活神可憐我罪人賜落來聖靈感化我惡心我是無力量善事弗能行雖然改罰落求天父賜福我許多罪懇求天父赦免救我出苦楚靠着主耶穌靠耶穌功勞收我進天堂

五號每磅洋銀一元八角計數二百個

我父在天願爾名聖爾國臨格爾旨得成在地如在天焉我儕所需之糧今日賜我免我儕負如我免負我者尤毋導我於誘惑乃拯我出於惡蓋國也權也榮也皆歸爾爰及世世亞孟

六號每磅洋銀五元計數六百二十個

4-3

然而当时的中国人并没有大量使用西式活版印刷术，而是热衷于石版印刷技术。虽然铅活字进入中国的时间比石版印刷技术进入中国的时间更早，但是中国人崇古尚古，越是古老的越觉得有价值。此外科举考试时使用的经史子集也都是雕版印刷品，利用石版印刷技术更能表现其原汁原味，这导致很长的一段时期中，石版印刷技术盛行。

三

1889 年，日本的东京筑地活版制造所委托当时在中国的日本领事馆针对中国的印刷业进行了调查。在其中，日本驻上海领事馆的调查报告中也明确地指出了这一点，说中国人不喜欢西式活版印刷技术，他们宁可花高价钱，也要用石版印刷技术，因为石版印刷技术可以原汁原味地反映中国典籍的原貌。

那么这一时期中国没有金属活字的开发吗？实际上是有的。1884 年前后，

图 4-3 《美华书馆各号活字销售广告》，《教会新报》第 16 期，1868 年 12 月 19 日（小宫山博史藏）

英国人美查（Ernest Major）的图书集成印书局创制了三号扁体活字，之后用这套活字印刷了《古今图书集成》。使用扁体活字印刷的原因是，如果是用正方块的话，在同样的一列中可以容纳的字数比较少，扁体字呈现的信息量更大。

虽然西式活版印刷技术进入了中国，但它在中国普及的深度广度不足。这个时候刚好是日本明治维新之时，日本人将活字印刷视为文明开化的重要手段。本木昌造原本是一个荷兰语翻译，他一直想尽办法要学习活版制造技术，历经几次挫折后，他通过其他传教士联系并邀请姜别利赴日本长崎讲学。姜别利在长崎进行了为期四个月的访学，不但带去了西式印刷技术的一些设备，还带去了美华书馆与欧美传教士开发的各种活字。1872 年，本木昌造的崎阳新塾广告上出现了传教士开发的各种复刻活字。当然其中的楷书和行书为日本人开发，与宋体字相似，体现了追求传统的复古倾向——这是汉字文化圈中共有的一种现象。

平野富二是本木昌造的弟子，他被称为日本近代工业文明之父。在本木昌造的授意下，平野富二在东京建立了东京筑地活版制造所，开始销售本木昌造从姜别利那里学习制造的活字。因为欧美传教士主导开发的活字质量不高，所以平野富二一边生产一边想方设法来改良活字字体，比如他曾经派曲田成奔赴上海学习字模制造技术、收购木活字、雇佣可以雕刻活字的中国匠人。从 1879 年至 1903 年，前后进行了五次大的改刻，终于形成了筑地明朝体这一字系。

除筑地明朝体外，还有秀英体。秀英舍创立不久就开始筹划开发新的字体，1889 年开始以筑地明朝体四号为原型开发新字体。1907 年，秀英体初步成型，此后经历三次大的改刻，终于在 1912 年全部完成。筑地明朝体和秀英明朝体这两种明朝字体形成了日本明朝体的两大源流。

日本印刷界在推出明朝体之后，还开发了其他多种字体。除了 1886 年开发的黑体字外，还开发了南海堂行书体、草书体、隶书体、清朝体（一种楷书字体）等等。

东京筑地活版制造所作为一个企业，着力于开辟新的市场，他们想尽办法要把他们的活字卖到中国。经过精心谋划，终于在上海建立了东京筑地活版制造所上海分社，叫“修文书馆”，负责人是松野直之助和松野卯三郎。当时美查创办的《申报》用的就是日本的筑地体活字。【图 4-4】

筑地明朝体在中国有非常大的影响力。大到什么程度呢？大到“几无不采用之”。比如，《昌言报》出版了前三期，印刷质量非常不好，其中最重要的影响因素就是活字。到第四期出版的时候就委托给了商务印书馆。商务印书馆使用了修文书馆销售的筑地明朝体活字，《昌言报》的社会评价马上就提升了。

四

在上海，有一位老先生为中国活字字体的研究做出了突出贡献，他就是

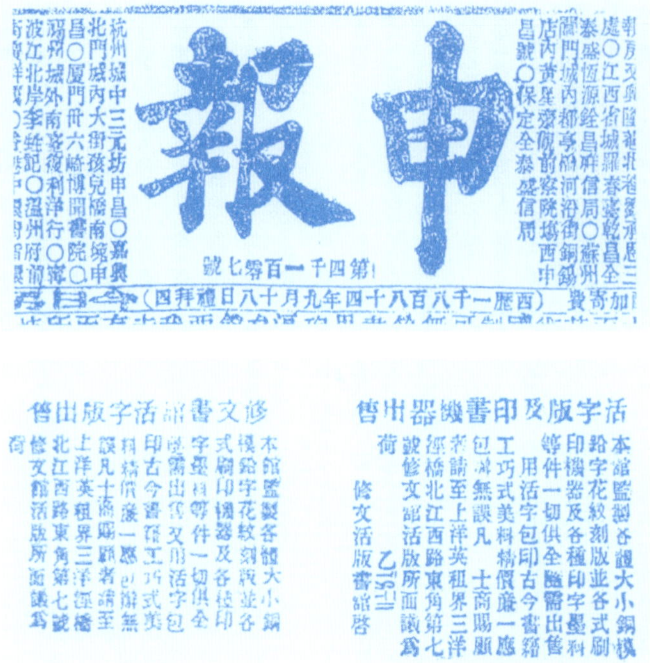

4-4

曾在上海印刷学校任教务主任、在上海印刷技术研究所任字体研究室主任的何步云先生。何步云先生在 1980 年前后写了一篇短文《中国活字小史》，是研究中国近现代活字字体史的非常重要的资料。何先生认为，在 20 世纪前半期，中国印刷界所开发的绝大部分字体都是楷体和仿宋体活字。我曾以这篇短文为线索展开过调查，基本上可以佐证何步云先生的研究。《中国活字小史》中几乎没有提到宋体和黑体开发，实际上我在调查中也发现了这个情况。这一时期中国人集中开发的是楷体和仿宋体活字。20 世纪初期，这些楷体和仿宋体大致有三个共通的特点：第一是以古代书法家的蓝本及宋元版本中的字体为典范；第二是以古典的审美精神为字体的评价标准，不断追求中国的传统文化、审美精神及造型方法的复兴；第三是民族主义情绪的高涨对活字字体的开发有重要作用——在内忧外患、生死存亡之际，民族主义情绪当然会产生巨大的影响。以上这些是中国字体领域中追求复古之风的重要表现。

复古之风肇始于商务印书馆。20 世纪 30 年代，在与以商务印书馆为代表的民族印刷资本的竞争中，对中国乃至东亚汉字文化圈的字体设计、开发产生了巨大的影响的美华书馆被迫关闭。1909 年，商务印书馆开发了二号楷书体。贺任鼐在其《近代印刷术》里面这样说："华文铅字习用宋体，按钱大镛明文在凡例：'古书俱能书之士，各随其字体书之，无所谓宋字也。明季始有书工，专写肤廓字样，谓之宋体'……易于书写，且便镌刻，然好古者憾其不精审美，习而生厌。欧美各国，所用字体，形态百变，层出不穷，我倘墨守成规，未免相形见绌。"可见，商务印书馆已经关注到欧美各国活字字体的繁盛，二号楷书

图 4-4《申报》上的修文书馆广告（板仓雅宣藏）

体的开发肩负了弘扬中国传统文化的责任。

《近代印刷术》中也记述了二号楷书体的开发技术，其过程可大致归纳如下：先书写原字再拍照，根据照片在铜版上制作阴文后，嵌入铜版完成刻字字模，之后注入铅合金做阳文，再经过活字雕刻师修正完成种字，然后利用姜别利发明的直接电镀法制作字模，最后在字模中灌注金属制成活字。这一工序明显要比姜别利发明的木刻种字蜡型电镀法复杂得多。至于为什么会这样在后面会做解释。

继二号楷书体之后，商务印书馆于 1915 年左右开发了中国历史上第一款仿宋体“古体活字”。1919 年又推出了另外一款字体“仿古活字”。仿古活字是一款质量较高的仿宋体活字，也是由长体和方体构成的仿宋体字族，商务印书馆曾以此印刷了大量的书籍和杂志。【图 4-5】

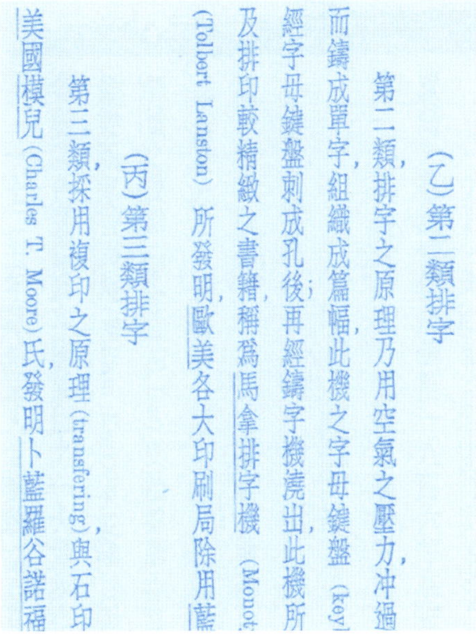
(乙)第二類排字
第二類，排字之原理乃用空氣之壓力，冲過
而鑄成單字，組織成篇幅，此機之字母鍵盤 (key
經字母鍵盤刺成孔後，再經鑄字機澆出，此機所
及排印較精緻之書籍，稱爲馬拿排字機 (Monot
(Tolbort Lanston) 所發明，歐美各大印刷局除用藍
(丙)第三類排字
第三類，採用複印之原理 (transfering)，與石印
美國模兒 (Charles T. Moore) 氏發明卜藍羅谷諾福

4-5

五

聚珍仿宋体的开发更是凸显了 20 世纪前半期中国活字字体开发业界中的复古倾向，以及中华文明连绵不断的传统文脉对活字字体的影响。开发聚珍仿宋体的核心人物是丁辅之【图 4-6】和丁三在【图 4-7】，他们是杭州丁氏嘉惠堂八千卷楼（对中国藏书史、杭州地方志有着难以估量的影响和贡献的藏书楼）的后人。除藏书聚书刻书外，杭州丁氏嘉惠堂八千卷楼还参与了杭州当地的西式纺织工业的建设。我们知道中国工业以纺织工业为始，这意味着杭州丁氏家族对中国最初的工业化建设有着重要的影响，总而言之，这是中国近现代

图 4-5 仿古活字（方体、长体）

4-6

4-7

史上非常了不起的一个家族。

丁辅之和丁三在兄弟二人是杭州丁氏一族的第十三代中的杰出人物。丁辅之是西泠印社的创社四君子之一，是最重要的主导者，除了刻印、集谱之外，他还是甲骨文入书第一人，对东亚的印学、书法都有着很大的影响。丁三在是丁辅之的弟弟，他也是一个非常了不起的人物，遗憾的是三十多岁就去世了。他是南社和西泠印社的成员，工诗词，善篆刻，对于版本学的研究更是继承家学，极为精通。丁三在还曾为南京召开的“南洋第一次劝业会”撰写了杭州府的调查报告。此外，他还曾在杭州经营过使用西式活版印刷技术的杭州图书局——遗憾的是我始终没有找到关于这个企业的资料。

1915 年至 1917 年，丁三在着手开发聚珍仿宋体，用两年时间奠定了聚珍仿宋体发展的基础以及未来发展的方向。《小槐簃吟稿》是以聚珍仿宋体印成的第一本书，其中的《跋一》里面记录了聚珍仿宋体开发的起因，大意是说丁立诚死后的第二年，他的儿子们要刊行丁立诚的遗稿，委托吴庆坻进行编辑，吴庆坻删除了其中的十分之三，其余准备刊行。

《跋二》【图 4-8】是西泠印社的社员鲁坚所写，其中的内容更值得注意，文言文原文是这样的：“公存日喜讲版本，上左等手奉遗书，苦无贤手民可倚任。初，公三子三在之官南京供职图书馆，日与馆中任剞劂者集思讨论，颇有端绪。国变后，与二兄仁同客淞沪，始创仿宋刻铅字排印之法。”在雕版印刷中，经生是写字的，手民是依据经生的书写将文章雕刻在木版上的工匠，也就是刻字工人。但是所谓“苦无贤手民可倚任”却是值得怀疑的。杭州丁氏八千卷楼曾经刊刻了很多杭州地方志，当时还有很多以雕版印刷为生的著名刻工。你们家刻了那么多书，同时代也有很多人刊刻复刻了那么多质量非常高的典籍，找不到“贤手民”是一个说不通的事情。总而言之，丁三在于南京图书馆工作时一边整理图书研究版本一边和版本学的同行交流，终于理出了头绪。辛亥革命之后丁三在迁至上海，开始创制铅字排印之法——利用西式活版印刷技术开发聚珍仿宋体。

丁三在还亲笔写了一篇小文章叫《缘起》【图 4-9】，描述了聚珍仿宋体的开发缘由。他在这里面就说：“其时刊本，率由能书之士誊写上版，故字体书各不

图 4-6 丁辅之遗影（邢立藏）
图 4-7 丁三在遗影（邢立藏）

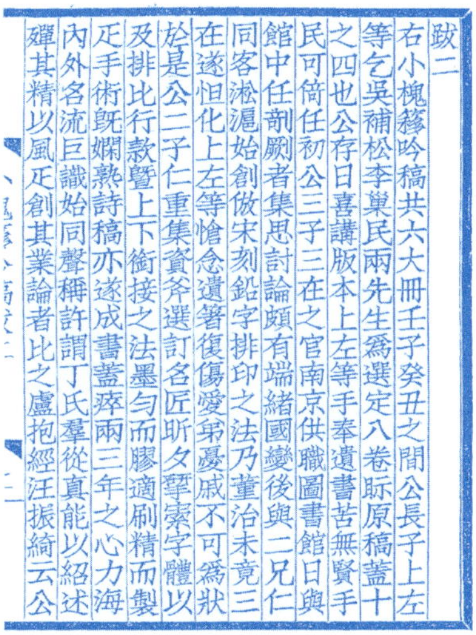
跋二
右小槐簃吟稿共六大冊壬子癸丑之間公長子上左
等乞吳補松李巢民兩先生爲選定八卷距原稿蓋十
之四也公存日喜講版本上左等手奉遺書苦無賢手
民可倚任初公三子三在之官南京供職圖書館日與
館中任剞劂者集思討論頗有端緒國變後與二兄仁
同客淞滬始創倣宋刻鉛字排印之法乃董治未竟三
在遂怛化上左等愴念遺箸復傷愛弟憂戚不可爲狀
於是公二子仁重集貲斧選訂名匠昕夕孳索字體以
及排比行款暨上下銜接之法墨匀而膠適刷精而製
疋手術既嫻熟詩稿亦遂成書蓋瘁兩三年之心力海
內外名流巨識始同聲稱許謂丁氏羣從真能以紹述
殫其精以風疋創其業論者比之盧抱經汪振綺云公

4-8

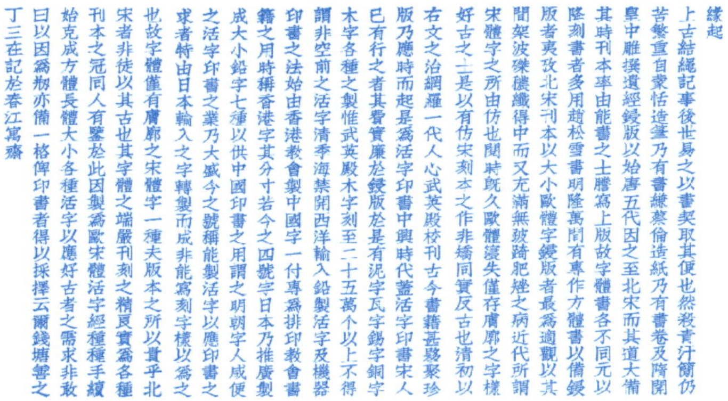
緣起
上古結繩記事後世易之以書契取其便也然殺青汗簡仍
苦繁重自蒙恬造筆乃有書縑蔡倫造紙乃有書卷及隋開
皇中雕撰遺經鋟版以始唐五代因之至北宋而其道大備
其時刊本率由能書之士謄寫上版故字體書各不同元以
隆刻書者多用趙松雪書明隆萬間有專作方體書以備鋟
版者夷考北宋刊本以大小歐體字鋟版者最爲適觀以其
間架波磔穠纖得中而又充滿無跛踦肥矬之病近代所謂
宋體字之所由仿也閱時既久歐體寖失僅存膚廓之字樣
好古之士是以有仿宋刻本之作非矯同實反古也清初以
右文之治網羅一代人心武英殿校刊古今書籍甚夥聚珍
版乃應時而起是爲活字印書中興時代蓋活字印書宋人
已有行之者其費實廉於鋟版於是有泥字瓦字錫字銅字
木字各種之製惟武英殿木字刻至二十五萬个以上不得
謂非空前之活字清季海禁開西洋輸入鉛製活字及機器
印書之法始由香港教會製中國字一付專爲排印教會書
籍之用時稱香港字其分寸若今之四號字日本乃推廣製
成大小鉛字七種以供中國印書之用謂之明朝字人咸便
之活字印書之業乃大盛今之號稱能製活字以應印書之
求者特由日本輸入之字轉製而成非能寫刻字樣以爲之
也故字體僅有膚廓之宋體字一種夫版本之所以貴乎北
宋者非徒以其古也其字體之端嚴刊刻之精良實爲各種
刊本之冠同人有鑒於此因製爲歐宋體活字經種種手續
始克成方體長體大小各種活字以應好古者之需求非敢
曰以因爲刱亦備一格俾印書者得以採擇云爾錢塘詹之
丁三在記於春江寓齋

4-9

同。”这是说，在宋元典籍中的字体本来就是由善于书法者书写的，字体各不相同。而我们所说的宋体字，在日本被称为明朝体的，是“明隆万间，有专作方体书以备锓版者”，指出了宋体字出现的时间。他继续阐述其立足于版本学的字体认知，称：“夷考北宋刊本，以大小欧体字锓版者。最为适观。以其间架波磔，秾纤得中，而又充满，无跛踦肥矬之病。近代所谓宋体字之所由仿也。阅时既久，欧体寖失，仅存肤廓之字样，好古之士，是以有仿宋刻本之作。非矫同，实反古也。”明确指出：“仿宋刻本之作……实反古也。”他又回顾了日本制明朝体传入中国的历史，指出“非能写刻字样以为之也。故字体仅有肤廓之宋体字一种。”丁三在认为：“夫版本之所以贵乎北宋者，非徒以其古也。其字体之端严，刊刻之精良，实为各种刊本之冠。”为此：“同人有鉴于此，因制为欧宋体活字。经种种手续，始克成方体、长体大小各种活字，以应好古者之需求。”

丁三在所说的欧体字指的是初唐四大家之一欧阳询，特别是《九成宫醴泉铭》中的字体。欧阳询的书法的特点是结体长方、笔画方正、书风端正、笔画

图 4-8 《小槐簃吟稿 · 跋二》局部
图 4-9 丁三在所作《缘起》

整齐尖锐，容易以雕刻表现。原本，欧体字在欧阳询殁后就逐渐被褚遂良、颜真卿的字体取而代之。而雕版印刷行业中"写样"的"经生"则因为稍微落后些，还在模仿欧阳询风的欧体，所以也有"经生一派，学欧者失之枯蜡"一称。就时间上而言，从北宋末年到整个南宋时期，杭州地区所刻书籍上使用的字体清一色都是欧体字，而南宋临安陈家书棚本中的字就是其代表。

总而言之，丁三在认为欧体字是中国人阅读史、思想史、精神史中重要的组成要素，是能真正反映传统审美精神、能表现民族文化本质特征的代表。丁三在思考的正是如何利用西式活版印刷技术复兴欧体字，这种看似为"好古之士"的行为，并非"矫同……实反古也"。

丁三在为了开发聚珍仿宋体还写了《考工八咏》，分别是《辩体》《写样》《琢坯》《刻木》《模铜》《铸铅》《排字》《印书》，实际上指的是从选择字体到最后完成印书的八道程序。

1915年丁三在刊登广告——《聚珍仿宋印书局招股启》，开始募集资金筹划聚珍仿宋体的正式开发。广告的大意是，我作为聚珍仿宋体的开发商已经取得了一点小小的成绩，但是我手头资金不足，我要利用股份制的形式来募集资金以完成整套字体的开发。由此可见丁三在是一个有非常现代的思想的人物。在广告中，丁三在还列出了具体的开发计划，阐明了他准备采用的制造工艺、字号、字数、资金等明确的问题，从中可以看出他准备利用姜别利所创立的木刻种字蜡型电镀法，来开发方体、长体活字——方体用来排正文，长体用于夹注字，实际上就是要用现代的印刷技术模仿中国古代雕版印刷的版式风格。丁三在还列举他准备每个常用字铸造四十个，那么总字数就是四千个字，然而这个数目是无法满足正常印刷需求的。他的号召获得了当时不少传统文人的支持。募集到资金后，丁三在就在现在的南京西路和铜仁路路口附近创立了聚珍仿宋印书局。

设计字体的时候，非常重要的一点是谁来写字——也就是字体的蓝本的问题，此外还有开发技术的问题。针对这两个问题我进行了一点考证。比如现在常用的金建陵说（实际上是继承了郑逸梅的说法）："丁氏兄弟亲自仿写，刻制活字"；还有郑逸梅说："奈工费太大，改用铅刻"；韦力又说是"而丁辅之所制之铅字是用类似于中国的木活字系一个个地刻出来的"；《聚珍仿宋版式各种样张》中则表明"钱塘辅之丁仁题"【图4-10】，也就是说封面上的仿宋字体是丁辅之亲自写的……然而我对这些是抱有疑问的。因为即便是丁辅之、丁三在善写书法，他也不一定能写仿宋体这种印刷字体。同时对丁辅之、丁三在这样传统的文人而言，他们可能也是不屑于去书写这样的字体的。雕版印刷技术在清代非常发达，加上对宋元版本的推崇，当时存在大批善于书写且善于雕刻仿宋体的工匠。所以丁三在、丁辅之他们并不需要亲自学习、亲自仿写，只需花钱雇佣匠人，自然会有人来雕刻高超的仿宋字体。所以我认为聚珍仿宋体的蓝本并不真的是南宋或者是北宋的刻本，虽然丁辅之一再强调是宋元刻本，也仅仅是为了迎合社会风气的一种广告上的夸大之词。

4-10

图 4-10《聚珍仿宋版式各种样张》封面（邢立藏）

至于聚珍仿宋体的开发技术，迄今没有人关注过，我在调查中发现了一个小资料，大致指出了中华书局聚珍仿宋体的雕刻方法。姚竹天在《印刷术概论》中说：“中华之聚珍仿宋版，即照此刻。”具体是先精细地打磨刻坯，利用照相制版后将印着文字的薄纸反向贴在刻坯上，由大师傅先把笔画轮廓画出来，再由副手挖掉该去掉的部分，最后再由大师傅进行修正。在这一资料中特别提到“仿宋与楷体刀法不同”，所以镌刻方法也不一样。这也表明，聚珍仿宋体最终所采用的技术与丁三在于《聚珍仿宋招股启》中记录的不一样。也就是说，丁三在最终放弃了姜别利的木刻种字蜡型电镀法而采用了中国印刷界所独创的技法——而这一技法正是商务印书馆在摸索汉字字模铸造中确立的。至于为何中国印刷界要为了楷体和仿宋体而开发新的字模制造方法，在我看来有两点原因，一个是直接在铅坯上雕刻，种字不沾铅利于修正，第二个是更利于表现仿宋体强烈的雕刻痕迹。这是中国人为了复兴古典字体而独创的技法。

清代木活字的应用非常之广泛，直至民国时期，以木活字刊刻书籍的情况依然大量存在。1914 年，西泠印社创社四君子之一的吴隐开发了名为“仿宋聚珍版”的木活字，这种行业的动向无疑也对丁三在产生了影响。在西泠印社刊载于《申报》的广告中，吴隐说：“聚珍版之制，托始五代毕昇，而字体仿宋，则权兴于本社。盖藏书贵宋版，刻书贵影宋，今用仿宋活字，则无书不影宋矣。”晚清至民国初期，为节约印刷成本、降低图书售价，以仿宋活字排印书籍的方法流传较广，“字体仿宋，则权兴于本社”仅仅是广告的夸大之词。

木活字有木活字的技术局限，我从吴隐用仿宋聚珍版印刷的书籍中摘录了很多相同的文字，可以看出，即便是相同的文字，这些文字的造型也完全不一样。中国传统的木活字是一个字一个字刻出来的，而西式活版印刷的活字是由机做字模出来的，用手工镌刻的每一个字都不一样，字模铸造的文字则完全一致。从这一角度考量，木活字的制造方法是无法和西式活版印刷技术相媲美的。

1917 年，丁三在去世，丁辅之继承了聚珍仿宋印书局，并在 1918 年推出了以聚珍仿宋体印刷的丁立诚遗著《小槐簃吟稿》。除了以聚珍仿宋体印刷各种书籍外，丁辅之一个非常重要的贡献就是把聚珍仿宋体推向了商业市场。我在 1918 年的《申报》上找到了一个用聚珍仿宋体印刷的广告《贾汪国产烟煤》，这可能是第一个使用聚珍仿宋体印刷的广告，看来广告主是一个非常有文化的煤老板。

聚珍仿宋印书局所印刷的书籍基本上遵循了中国古代典籍的版式体裁，一经面世就在社会上轰动一时。1920 年，聚珍仿宋印书局在《申报》上刊登了广告，说有人仿制我们的聚珍仿宋体，为此我们在内务部注册了专利，我们也已经并入中华书局总厂，从今天开始所有的法律关系都归到中华书局，以后有什么都请和中华书局打交道。实际上，聚珍仿宋印书局注册字体版权就是在中华书局的授意下完成的。

从 1920 年到 1949 年，聚珍仿宋体的开发开始由中华书局主导。聚珍仿宋印书局并入中华书局以后成立了中华书局聚珍仿宋部，一边以聚珍仿宋体刊行各种典籍，一边花费巨大的人力物力完成聚珍仿宋体的全部字族。虽然现在在资料上仅仅显示了一两个刻字工人的名字，但是实际上聚珍仿宋体是在有名的雕刻师和众多无名雕刻师的共同努力下完成的字体。至于中华书局聚珍仿宋部的规模，可以从姚竹天所遗留的一张大约拍摄于 1930 年前后的照片上看出来，虽然照片非常小看不清楚，我还是努力数了一下，一共是九十六个人，单从人数上说规模已经很大了，与当时上海规模最大的华丰铸字印刷所这样的专门企业几乎不相上下。

中华印刷局授意聚珍仿宋印书局注册专利，收购聚珍仿宋体，目的就是为了刊行《四部备要》。中华书局的陆费逵在《增辑〈四部备要〉缘起》中说：“辛酉杭县丁氏创制之聚珍仿宋版归诸吾局，丁氏即八千卷楼旧主人也。字体精雅，印行之书，直可与明清翻宋仿宋诸精椠媲美。”中华印刷局利用聚珍仿宋体刊行了《四部备要》等典籍，为中国的文化建设和传统的传承做出了巨大

的贡献。【图 4-11】

中华书局不断在各种杂志、报纸上大做广告，标榜“特用聚珍仿宋版精校刊行……适于精读”，“聚珍仿宋版最佳”，“字体古雅，可与宋椠相埒。不惟在中国为特创，即日本亦有志未逮也”，“字体秀雅，墨色鲜明，较明清仿宋、影宋精刻本尤胜一筹”……中华书局还在《申报》上刊载广告，说：“中华书局聚珍仿宋版是用科学来宣扬国粹。”可见以中华书局为代表的中国出版业界已经清楚地认识到，要利用西方的技术来弘扬民族国粹——聚珍仿宋体就是代表。

聚珍仿宋体是中国乃至东亚汉字文化圈历史上第一套庞大的金属活字字体，包括方体、长体、扁体，还有西夏体，含五个字种十九个字号，是绝无仅有的汉字金属活字字族。

中华书局收购聚珍仿宋体是 1920 年，历经二十余年，终于完成了聚珍仿宋体全部字族的雕刻。在 1949 年中华书局以聚珍仿宋体印刷的书籍上，我还找到了一些简体字，这表明中华书局一直到 1949 年仍在不断地改刻聚珍仿宋体以使其适应印刷出版业的发展，这一工作可能一直持续到 20 世纪 50 年代后期。

聚珍仿宋体的出现，在中国印刷界掀起了仿宋体开发热潮。正如华丰铸字印刷所所称的：“聚珍仿宋活字……影响于印刷界至重且大，盖仿宋字之字体，雅秀美观，颇得社会人士之欢迎，于是华文铅字之改革，突飞猛进。各种精美出品，犹如雨后春笋。”

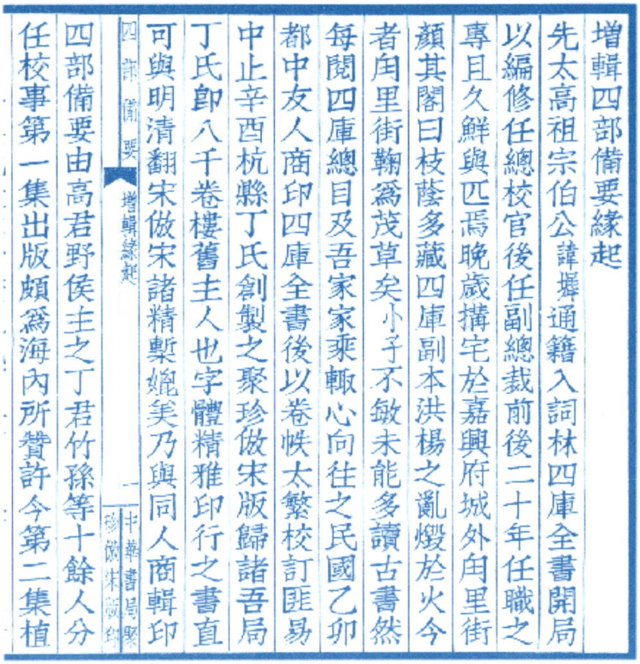
增輯四部備要緣起
先太高祖宗伯公諱墀通籍入詞林四庫全書開局以編修任總校官後任副總裁前後二十年任職之專且久鮮與匹焉晚歲搆宅於嘉興府城外甪里街顏其閣曰枝蔭多藏四庫副本洪楊之亂燬於火今者甪里街鞠爲茂草矣小子不敏未能多讀古書然每閱四庫總目及吾家家乘輒心向往之民國乙卯都中友人商印四庫全書後以卷帙太繁校訂匪易中止辛酉杭縣丁氏創製之聚珍倣宋版歸諸吾局丁氏即八千卷樓舊主人也字體精雅印行之書直可與明清翻宋倣宋諸精槧媲美乃與同人商輯印
四部備要　增輯緣起　一　中華書局聚珍倣宋版印
四部備要由高君野侯主之丁君竹孫等十餘人分任校事第一集出版頗爲海內所贊許今第二集植

4-11

图 4-11《增辑〈四部备要〉缘起》局部

六

聚珍仿宋体在整个东亚文化圈里都有非常重要的影响。比如，李光洙是20世纪初在上海活动的韩国人，曾经主持当时在上海的大韩民国临时政府刊行的《独立日报》，以他的名字刊行的书籍中的汉字就使用了聚珍仿宋体。

20世纪20年代初，聚珍仿宋体在日本也轰动一时，日本的进口额达到一年十万日元之巨。为此，筑地活版制造所、秀英舍等企业均为复制聚珍仿宋体进行了各种尝试，但最终告以失败。然而，有一个叫津田三省堂的小企业，堂主是津田伊三郎，他通过位于现上海乍浦路的由日本人经营的芦泽印刷所，获取了聚珍仿宋体的全套活字进行了复制，以宋朝体的名义在日本销售。1931年，津田三省堂刊载广告称："日本最初的纯正宋朝活字长体即将完成，11月中旬开始销售（长体二、三、五号各种）……本社全力以赴宋朝方体活字的制作中。"这可能是日本最初的宋朝体活字广告。

除聚珍仿宋体外，津田三省堂还从上海以某种手段获得了汉文正楷体。津田伊三郎大做广告，称自己为日本"正楷体和宋朝体之母"。【图4-12】津田三省堂是一个非常善于炒作的人，伪满洲国成立后，他向伪满洲国皇帝溥仪献上了以宋朝体印刷的书籍——当然所谓宋朝体也就是聚珍仿宋体——就此打开了东北市场，把他们的活字又反向输入到中国来了。

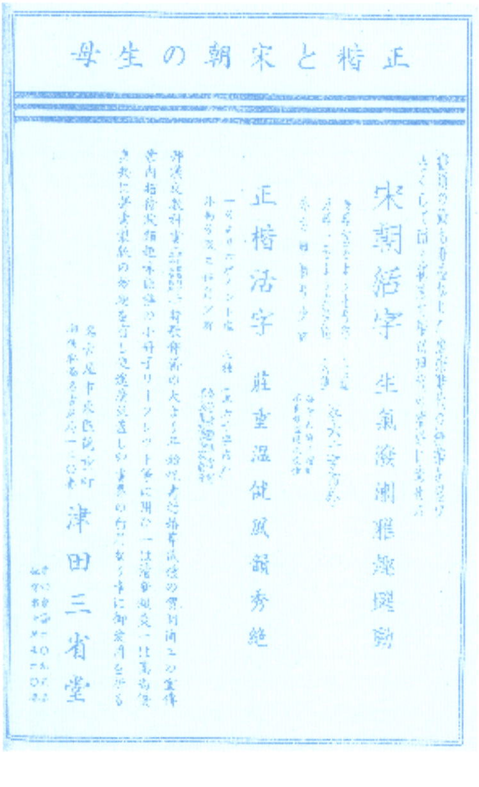

4-12

图4-12 津田三省堂广告

迄今为止，日本的印刷界、研究界都认为津田三省堂是直接复制了聚珍仿宋体。甚至还有研究者进行了对比，说聚珍仿宋体和津田三省堂的宋朝体是一模一样的。这个是明显没有证据的。我在调查中发现，很多文字明显是模仿聚珍仿宋体风格，但雕刻质量非常差。

我在各种资料中收集了中华书局刊行的聚珍仿宋体的一些文字，将其与我在日本收集到的津田三省堂的各种字号的宋朝体进行了对比。【图 4-13】这完全是两个不一样的字体。即使抛开印刷的差异，笔画部件的位置也都不一样。这表明日本印刷界的确是对聚珍仿宋体进行了改刻。为什么会出现这样的情况？实际上从 1919 年到 1931 年，正是日本汉字字形大变动的时期。日本文部省就曾刊行各种各样的资料，对日本的汉字笔形进行了简化，从而确定了日本的常用汉字表。

这些常用汉字表中的文字，也明显与聚珍仿宋体有着不一致的地方。比如说，虽然“上”字基本相似，但“也”的开口部位不一致。此外还有日本独有的“和制汉字”。因为有这些文字的存在，不对聚珍仿宋体进行改刻是不可能的。改刻了一部分的文字以后，又不得不为了整体文字的统一对其他的文字继续改刻，在不断地改刻中形成了日本宋朝体的最终模样。

此外，日本的资料中还显示。日本人说中国人刻不了六号长体，他们想尽办法要补充这一字号以完成全部字族体系，但是因为字号太小中国人无法雕刻，于是东京的藤田活版制造所就称他们“以日本人特有精致的手法来模仿中国的字体雕刻六号的长宋”，称这是所谓“和魂汉才”的办法。至于是否六号长宋是日本印刷界雕刻的这一问题，就我所能收集的资料中，还没有能对此作最终判断的材料，只能暂时搁置。

日本有广告特别强调：“本邦纯正的宋版活字完成。日本制。”在当时日本的各种资料中我们可以看到，在日本帝国主义侵华的背景下，字体的历史也充满了民族和国家之间的仇视、纷争。活字字体也是一种意识形态，在时代的波浪中不断沉浮。

第二次世界大战结束后，照相排版占据了日本印刷出版市场的主流。此时，津田三省堂的津田伊三郎已经去世，他的儿子津田太郎希望能将宋朝体制作成照相排版用字体。于是就找到了写研的创始人石井茂吉，请石井茂吉制作照相排版用宋朝体。然而石井茂吉希望开发的是一款新的宋朝体而不是单纯的

4-13

图 4-13 津田三省堂宋朝体（轮廓字）与中华书局聚珍仿宋体的比较

复刻，就此两个人产生了巨大的分歧而分道扬镳。最终石井茂吉开发了充满了现代风格的长体宋朝体。我又拿它和聚珍仿宋比了一下，发现长体宋朝体实际上是对聚珍仿宋体进行了小规模修正的结果。【图 4-14】

目前，以聚珍仿宋体为原型的宋朝体依旧是日本数字字体中宋朝体的主流，如岩田的岩田宋朝体。21 世纪初期日本和中国台湾开发的“花蝴蝶”的蓝本就来源于南宋的刻本，也就是前文丁三在所指的欧宋体活字。

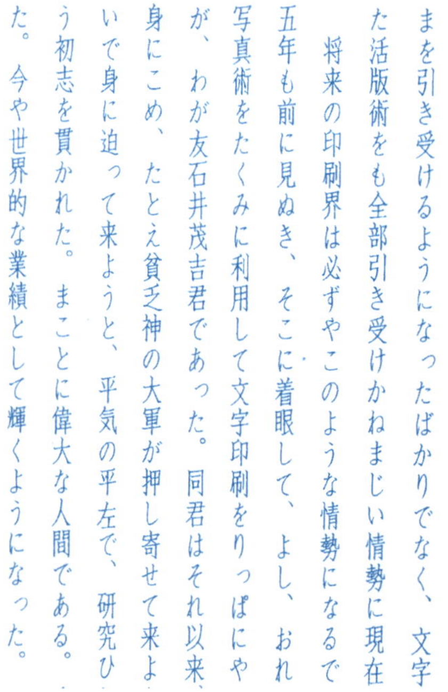
まを引き受けるようになったばかりでなく、文字
た活版術をも全部引き受けかねまじい情勢に現在
　将来の印刷界は必ずやこのような情勢になるで
五年も前に見ぬき、そこに着眼して、よし、おれ
写真術をたくみに利用して文字印刷をりっぱにや
が、わが友石井茂吉君であった。同君はそれ以来、
身にこめ、たとえ貧乏神の大軍が押し寄せて来よ
いで身に迫って来ようと、平気の平左で、研究ひ
う初志を貫かれた。まことに偉大な人間である。
た。今や世界的な業績として輝くようになった。

4-14

七

20 世纪 60 年代，中国的活字体开始了新的起步。以上海印刷技术研究所字体研究室为中心开发了一系列新的字体。20 世纪 80 年代，有字体研究室的“四大金刚”之称的周金才老先生、钱惠明先生、徐学成老先生等都独立开发了一些新的字体。这些字体都着力强调中国传统审美的特性。比如周金才开发的“寒山寺”这款仿宋体，就强调了毛笔书写的风格，笔画末端都是特意用细笔描绘而成的。在我的采访中，这些老先生们都认为日本的字没有中国传统书写的韵味，这是中国的活字设计界的前辈始终强调的核心。

至于聚珍仿宋体，也并没有被字体设计业界遗忘。比如钱惠明先生为了常州的中国民族字模厂而创作的“摹珍仿宋”字稿【图 4-15】，只有十二个字。我也把这几个字与聚珍仿宋体进行了对比，发现基本上和中华书局聚珍仿宋体

图 4-14　以石井宋朝体印刷的《文字一生〈写研公司五十年史〉》内页

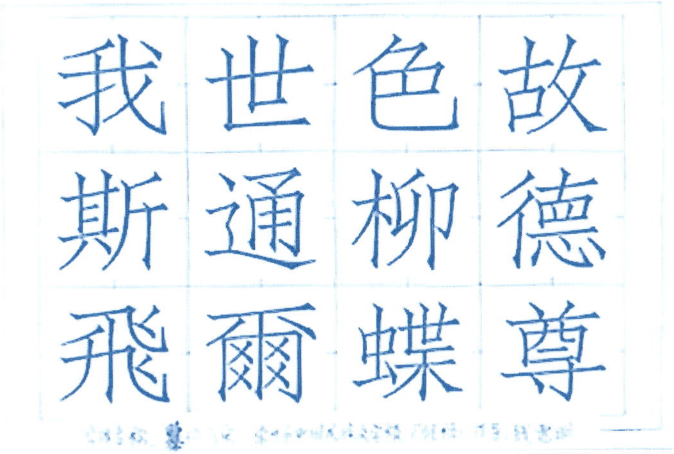

4-15

的二号字是一样的。钱惠明老先生用他高超的技巧对聚珍仿宋体进行了完美的修正。此外，方正字库这两年推出的方正聚珍新仿，也是对古典字体的致敬。

八

单纯的字体史的研究，至此已经讲完了。但是我并不想止步于此。在此我想探讨一个新的方法，使字体史研究能对现在的字体设计有所帮助。更为具体地说，一个字体好在哪里？好的字体设计中，除了感性的内容外有没有更多理性的内容？这些应该是有共性的，能对我们现在的字体设计有所帮助的。我从聚珍仿宋体中找了六个字号，每个字号三百个字，共一千八百个字，对这些文字进行了分析，测量它的字面率、笔画倾斜的角度、横画与竖画的比例，当然还有重心的问题。聚珍仿宋体的每一个字符都是手工雕刻的原字，所以严格意义上讲是具有相同风格的很多款字。我对它们也进行了分析，从初号一直到六号，可以看到，这些文字的重心基本上保持在微妙波动的范围里，表明雕刻工人对文字把握的高超技巧。除此之外，还对文字的结构也做了分析尝试，遗憾的是并没有得到一个明确的结果。

九

即将结束之时，让我们再次回到"复古之路"的主题中。虽然有点长，但是请容许我引用鲁迅在《突然想到·六》中的精彩论述：

他们活有余力，则以考古，但考古尚可，帮同保古就更可怕了。有些外人，很希望中国永是一个大古董以供他们的赏鉴，这虽然可恶，却还不奇，因为他们究竟是外人。而中国竟也有自己还不够，并且要率领了少年，赤子，共

图 4-15 "摹珍仿宋"字稿，钱惠明（常州市中国民族文字模厂新字体的组稿）

成一个大古董以供他们的赏鉴者，则真不知是生着怎样的心肝。

中国废止读经了，教会学校不是还请腐儒做先生，教学生读《四书》么？民国废去跪拜了，犹大学校不是偏请遗老做先生，要学生磕头拜寿么？外国人办给中国人看的报纸，不是最反对五四以来的小改革么？而外国总主笔治下的中国小主笔，则倒是崇拜道学，保存国粹的！

但是，无论如何，不革新，是生存也为难的，而况保古。我们目下的当务之急，是：一要生存，二要温饱，三要发展。苟有阻碍这前途者，无论是古是今，是人是鬼，是《三坟》《五典》，百宋千元，天球河图，金人玉佛，祖传丸散，秘制膏丹，全部踏倒它。

是的。从中国近现代字体发展的脉络，或者说从具体的每一个字，比如聚珍仿宋体而言，“复古之路”的含义绝对不是指向单纯的拟古，而是立足于传统文脉的基础上的不断创新！

字体的气质——革命中的字体设计

李少波

李少波

中央美术学院设计学博士，湖南师范大学美术学院院长、湖南省设计艺术家协会副主席、中央美术学院中国文字艺术研究中心研究员及硕博士学位论文评审专家。

最近，在政府的介入下，我家附近的街道在做修整。【图 5-1】我相信在上海或者其他城市，在改造城市空间时，政府的介入结果大概也是这样的面貌。文字字体形态的发展是多种因素共同推进的结果，而政治介入是其中一个因素。我想以 20 世纪作为时间背景，结合当时的几个大事件来谈。

5-1

新文化运动由陈独秀等人发起。1915 年陈独秀创办的《新青年》是新文化运动的标志性刊物，它最早叫《青年杂志》，发行一年之后，上海基督教青年会以刊物名有版权问题为由介入，因而改名为《新青年》。【图 5-2】

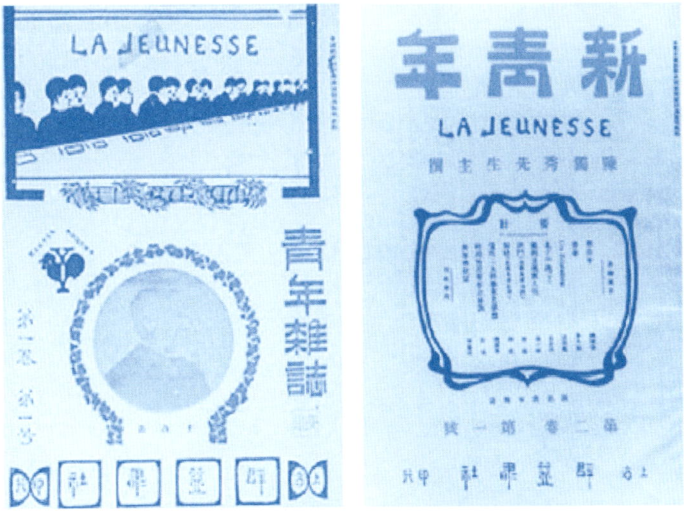

5-2

在第二版《新青年》发刊词中，陈独秀定义了什么是“新青年”，即“生理上身体强壮，青年如初春，如朝日”。在他的思想中，新青年是国家未来的代名词，所以《新青年》所代表的其实就是未来的中国，强大的中国，而这正是“新青年”三个字的最好注释。那么刊名这几个字的设计来源于哪里？《IDEA》杂志里提到日本大正时代曾流行一种特有的美术体，这种字体

图 5-1　改造后的街道图景
图 5-2 《青年杂志》（左）、《新青年》（右）

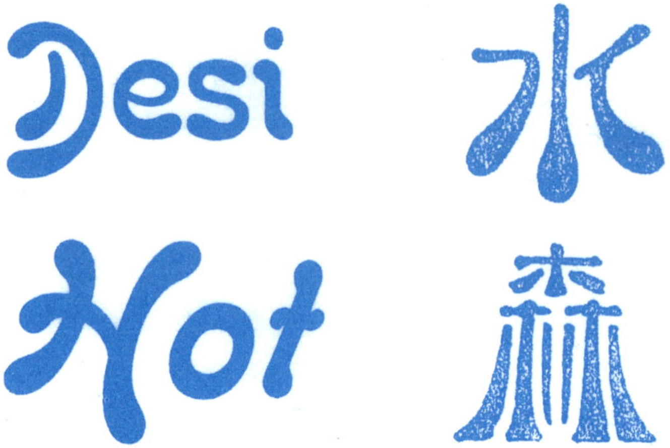

5-3

下端被设计成“膨胀样式”【图 5-3】，是受西方变体字影响形成的，广泛运用于当时的报纸、杂志等各种印刷媒介中。巧合的是，这个时间正好与陈独秀几次赴日的时间是吻合的。众所周知，陈独秀对文字、书法极其狂热，因此不难判断这些字的设计是由他主导的，并在一定程度上受到日本“膨胀样式”的影响。

在字体设计领域，新字体的产生往往是多种因素合力的结果。而某些隐形的因素实际上就是历史必然性指涉的对象。陈独秀作为新文化运动的领导者，直接参与了“新青年”字体的设计。在这一过程中，他使用了一种崭新的、区别于以往历史字样的字体作为封面字体，而这种新的字体形式表达了对旧事物的排斥和对新事物的追求，实际上也契合了杂志的办刊精神，在某种程度上正好反映了新文化运动本身的精神与追求。因此，我将《新青年》这几个字的设计作为中国现代设计的标杆和起点，虽然《新青年》在办刊理念上刻意不谈政治，但是无意间，作为政治文化领袖的陈独秀在设计字体时仍然赋予其清晰的政治内涵。

新文化运动带来的空前的思想解放也为构成主义的传入奠定了基础。

俄国十月革命胜利之后，一批设计师投身于社会革命，希望利用自身的知识服务当时的政权。而当时流行的构成主义的几何形都是抽象的块面，这些东西无法被工人理解和欣赏，甚至被认为是政治上有害的，受到排挤的设计师们只能流亡德国等国寻求发展。构成主义强调透视感、力量感、未来感，崇尚高度抽象的艺术风格。而中国是一个有着悠久历史的国度，前卫的异质文化很难被全盘接受。因此构成主义传入我国以后，必然要经历一个碰撞融合的过程，才能以新的面孔呈现。与构成主义后来在苏联被批判为资产阶级的艺术不同，在 20 世纪初的中国设计师眼中，或者说在中国的文人设计师眼中，构成主义实际上代表了先进与革命，它的色彩、几何形、黑体字形以及独有的结构模式在传入中国后都被一一消化，被赋予了革命的色彩。

图 5-3　日本大正时代“膨胀样式”字体

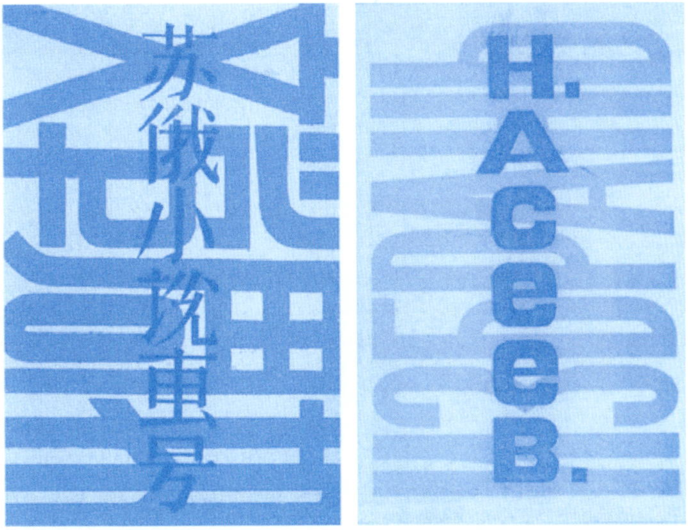

5-4

5-5

图 5-4　1929 年钱君匋为《文学周报》设计的《苏俄小说专号》封面（左）以及构成主义大师罗德钦科的作品（右）

图 5-5　1945 年国际文化服务社出版的《有进无退》的封面（左）、1919 年李西斯基设计的政治海报《红色楔子攻打白军》（中）、1927 年卡桑德拉设计的《北线快车》（右）

我们来看看 20 世纪中国最重要的封面设计师之一，钱君匋先生的作品。从他的作品当中可以看到，无论是从版式还是从字体形式上，它与传统的书籍设计都有很大的差异。这种差异来源于哪里呢？我们可以从构成主义的标杆人物罗德钦科（Alexander Rodchenko）的作品中看到其中的关联性。【图 5-4】当然钱君匋所用的标题字体还是中国的宋体字，并没有完全按照构成主义的黑体字风格来完成整个设计。

这要感谢鲁迅先生，他对苏俄艺术在国内的传播起到了关键的桥梁作用。如果没有他，可能就没有我们今天设计的面貌。而钱君匋是鲁迅特别器重的一名设计师，鲁迅先生也给予他许多帮助。

还有一个例子是左翼作家代表冯雪峰的杂文集《有进无退》，这本书的封面设计和李西斯基的构成主义之间的关联非常明显。【图 5-5】同时，也与法国装饰主义风格代表卡桑德拉的作品之间存在某些联系。中国早期的封面设计，尤其是带有左派文学色彩的作品封面，在很大程度上受到了构成主义的影响。

构成主义与发生在西欧的立体主义、达达主义、未来主义之间存在着密切联系，因此在中国早期的封面设计当中，风格的游走交融也就变得更加容易和自然。从这几幅设计中可以看到，设计不再是某种单一风格，而是呈现出互相交融的面貌。【图 5-6】

不仅封面设计上如此，在商业领域，如海报、月份牌等其他包装上的字体也都呈现出这样一种“西化”的风格。【图 5-7】20 世纪 30 年代是上海商业的黄金时期，资本主义的生活方式在上海形成一种潮流。钢笔、咖啡、香槟、蛋糕、牛奶、交谊舞、皮鞋、领带、西装、汽车、香烟、西药……在上海代表流行的生活，有点类似日本的明治时代。这些洋货构建起新兴的都市生活，而相关的推销广告大行其道，使这些有浓重西方商业主义气息的字体十分流行。

5-6

5-7

5-8

图 5-6 30 年代初上海现代书局出版的《甜蜜的梦》的封面（左）、1930 年光华书局出版的《到莫斯科去》的封面（中）、1930 年亚东图书馆出版的《紫洞艇》的封面（右）

图 5-7 “上海华生电器制造厂华生电扇”广告（左）、20 世纪 20 年代胡伯翔作哈德门香烟广告（中）、金城大戏院《花花草草》广告（右）

图 5-8 抗敌剧社合影照片，摄影沙飞

5-9

在那一时期，上海与中国其他大部分地区的社会生态是不一样的，有一个决然的分离，像一座孤岛。因此当这种风格传到其他地区时，就会有不一样的效果，也会存在不适应。这张图【图 5-8】是晋察冀边区的一个抗敌剧社的合影照片，虽然是用在政治宣传领域，但字体的形式、编排的方式都不再是传统的方式，它像那些广告牌一样有商业化的美术字，与上海的风格基本保持了一致。这类型的字体风格在 20 世纪 30 年代的延安风行一时。

为什么这些字体出现在延安？是如何传来的？我们知道抗日战争初期，执行片面抗战路线的国民党部队在正面战场上连连失利，与此同时，共产党主张坚决抗日，这就使共产党在民众尤其是进步知识分子心目中的地位迅速上升。延安成了自由、民主与理想的圣地。我们看看作家丁玲写的这段文字：“这是乐园。我们才到这里半年，说不上伟大建设，但街衢清洁，植满槐桑；没有乞丐，也没有卖笑的女郎；不见烟馆，找不到赌场。百事乐业，耕者有田。八小时工作，有各种保险。……”《七月的延安》丁玲笔下的画面，与国统区、沦陷区的社会现实形成极大反差。大批不满现实又满怀理想与激情的城市知识分子、青年学生奔赴延安。1938 年至 1939 年，这股洪流达到高峰，成为当时特殊政治格局下的一大景观。到 20 世纪 40 年代初期，延安已经形成了一个四万人的知识分子群体。正是通过这个群体，大城市中流行的新奇美术字体被带到了延安，边区也出现了不同形态、样式丰富的字体。这些字体非常时髦，甚至有一些在今天仍在使用。【图 5-9】

这些字体从繁华的大都市上海传播出来，到了边区或更加贫瘠的地方，就势必会形成一种反差。这种反差引起了当时中华全国文艺协会副主席田汉的担忧：“乡下人连正字都认不清楚，美术字当然更看不懂了。艺术家常常有这毛病，为了满足自己，把客观的政治任务忘记了。”[1] 但是知识分子甚至文艺界领导人物的文化自觉并没有影响到字体发展的方向。田汉提出来，但是没用，可能因为他的官位太小，力量太弱。

真正起到作用的是毛泽东。红军到达延安之后，毛泽东开始“整风运动”。

图 5-9 抗日战争初期的美术字，摄影沙飞

1 文天行．中华全国文艺界抗敌协会资料汇编 [M]．四川省社会科学院出版社，1983：74。

5-10

第一个是党八股，党八股的第三条是："无的放矢，不看对象。"他曾经看到过一条标语，标语的意思并不坏，可是工人的"工"字第二笔不是写的一笔竖画，而是转了两个弯；"人"字的捺上还加了三撇。【图 5-10】他认为这种写法是不对的。[2]（《反对党八股》）

后来一次偶然的机会，这个字体的设计者钟灵跟毛泽东见了面。毛泽东就问他："你现在还那样写吗？"钟灵说："毛主席批评过了，我哪里还敢那样写，不但我不这样写了，连写隶书的书法家都改过来了。"毛泽东说："那就不对了，隶书该怎么写，还应该怎么写。当然有时候也要看对象，理解我的本意就好了。"[3] 这个故事，是毛泽东对美术字或者说对字体直接进行批判的一个案例。这也是我谈到的政治对字体影响的一个非常有力的证据。

为什么要批评这个字体呢？因为当时的延安，除了四万知识分子之外其他的都是农民。据统计当时延安文盲占到了当地总人数的 90%，老百姓基本上不识字。因此知识分子把这些花哨的，带有浓厚商业味道的字体带到延安之后，势必会产生问题。但这不仅仅是看得懂、看不懂的问题，我觉得这里面有更深的意义。

我们再看看毛泽东另外的讲话："党八股这种东西，一方面是'五四运动'的积极因素的反动，一方面也是'五四运动'的消极因素的继承、继续或发展，并不是偶然的东西。"我们党是处在这个广大阶级的包围中，我们又有很大数量的党员是出身于这个阶级的，他们都不免或长或短地拖着一条小资产阶级的尾巴进党来。小资产阶级革命分子的狂热性和片面性，如果不加以节制，不加以改造，就很容易产生主观主义、宗教派主义，它的一种表现形式就是洋八股，或党八股。"[4] 所以借字体一事对当时的知识分子进行改造，可能才是他真正的目的。

在延安文艺座谈会上，毛泽东继续谈到这个问题——艺术是为谁服务的。他提道："……文艺是有政治属性的，在现在世界上，一切文化或文学艺术都

2 孟红．钟灵：毛泽东《反对党八股》中曾批评的文坛怪杰 [J]．党史博采（纪实），2011(03)：40-43。

3 同注 2。

4 摘自毛泽东在延安干部会上的演讲《反对党八股》。

图 5-10 标语中"工"字和"人"字的示意

是属于一定的阶级，属于一定的政治路线的。”[5]

座谈会上毛泽东还说：“我们应该尊重专门家，专门家对我们的事业很宝贵的。但是我们应该告诉他们，一切的革命文化艺术家，只有联系群众，表现群众，他们的工作才有意义。”所以这次文艺座谈会的讲话树立了一个文艺工作为劳动人民服务的宗旨，也为文艺工作者的艺术创作划出界限。从此，所谓的上海风格的字体在延安就得到了大幅度的改观，浮夸的造型变得更加简约。

1949 年后，宣传领域推行革命现实主义基础上的浪漫主义，但是这种浪漫主义并没有让字体浪漫起来，反倒变得越来越单一。我们可以从这个时期主流的宣传品当中看到这种面貌【图 5-11】，主要使用的是黑体、宋体、仿宋体等，这些印刷风格的常规字体虽然没有太多的艺术性，但至少不会再出现代表资产阶级的商业气息，以保证不犯错误。

1966 年开始，大字报”开始流行，除了“大字”本身的体量感，同时还强调反权威的、不可辩驳的、充满打击力量的文字风格。它不仅仅在“文化大革命”期间盛行，实际上也慢慢影响到后来。

当年我路过中央电视台的旧址，当时那里的住户正在反对拆迁。此外还有商场门口悬挂的各类促销广告等。【图 5-12】大量的民间书写就是以我们每天都在看到的这种形式来体现。这些文字有着各种各样的诉求，有表现冲突的，也有表现喜庆的。不管是哪种内容，都是同样一种风格倾向，大尺寸、充满冲击力、强调权威性。这种风格的延续和政治之间的关系是密不可分的。

政治对字体的影响是由来已久的事情，并非今天才有，也不止中国才有。20 世纪的中国经历了各种战争与运动，字体无可避免地被卷入跌宕起伏的历史洪流当中，与政治产生了或密或疏的关系。纵观当今城市的文字形态，仍然

5-11

图 5-11 20 世纪 50 年代宣传画

5 摘自毛泽东《在延安文艺座谈会上的讲话》。

可以看到清晰的历史印记，这些充满政治意涵的字体形态就在我们的周围，潜移默化中影响着日常生活。

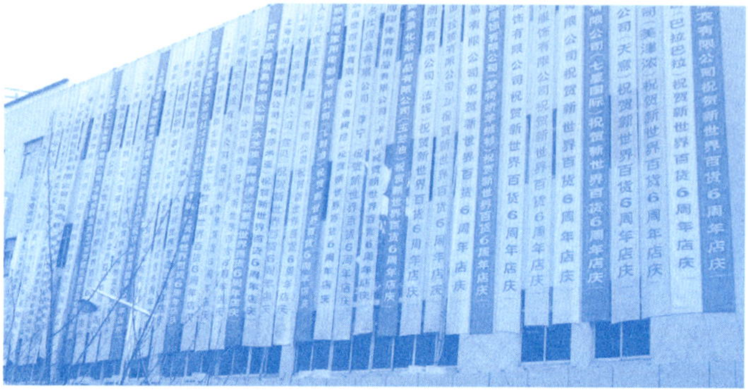

5-12

图 5-12　新世界百货庆典

从上海到中国——记上海印刷技术研究所的字体研究室

吴轶博

吴轶博

设计学博士、教授、硕士生导师。吉林艺术学院设计学院视觉传达设计系主任。主要研究方向：视觉传达设计实践与理论研究。

引

下面四张图分别是 1951 年宋石写的《美术字讲话》【图 6-1】、1980 年余秉楠老师所著《美术字》、1989 年王亚飞老师编著的《美术字设计基础》以及 1998 年徐学成老师编著的《美术字技法与应用》。【图 6-2】我们可以看到印刷字体设计是覆盖于美术字设计之下的。1998 年之后，教育部本科专业目录进行了一个调整，将工艺美术设计的大背景转向艺术设计方向。张道一先生曾经说过，工艺美术强调的是“工艺”，而艺术设计强调的是“设计”。所以在 1998 年之前我们一般都叫做作“美术字设计”，2000 年之后字体设计、文字设计等各种叫法多了起来。但不管名称如何变，书里印刷字体设计的内容基本锁定在宋、仿、黑、楷的技法当中，最多不过 20 页的内容。其他的都是以图集出现的，图册，图片式的东西较多。

6-1

6-2

图 6-1 1951 年出版的美术字书籍
图 6-2 20 世纪 80 年代出版的美术字书籍

在我们设计院校里，一般字体设计的专业课的时间大概是一周，最多两周，主要内容是几种主要的印刷字体——宋体、仿宋体、黑体、楷体的摹写。可以说，它没有受到足够的重视，也没有形成系统化、清晰化的脉络和知识链条。原因何在？我想更多原因是印刷字体设计一直存在于工业体系当中，与印刷字体的制作工艺和技术息息相关。【图 6-3】

在 20 世纪初至 70 年代，我国的出版印刷处于铅活字时期，20 世纪初到 1949 年，铅活字处于手工雕刻字模的时期，50 年代末进入机刻字模时期。

6-3

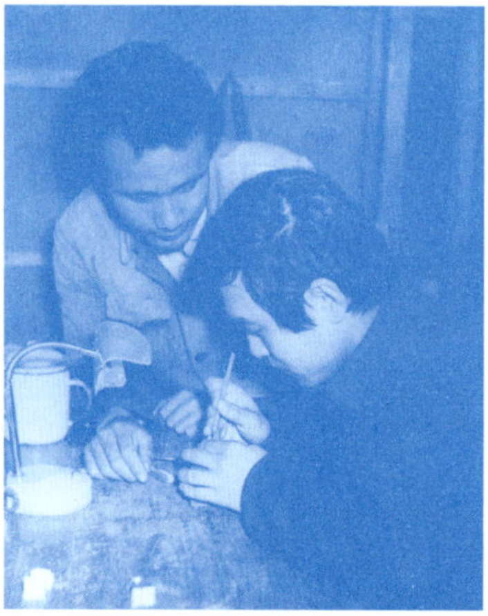
6-4

图 6-3　我国印刷字体存在体系
图 6-4　手写自稿与刻字配合

70 年代之后，由于电脑的普及，汉字可以输入计算机，成为中文信息处理系统的一部分，它也逃脱了可能灭亡的命运。那么，印刷字体设计从工业体系进入哪个体系了呢？就是 IT 业。最开始它掌握在以技术型为主的信息技术公司当中，像北大方正，是软件和硬件同时开发的信息技术公司。软硬件分离之后，就形成了单独的字库公司。直到近几年印刷字体设计才掌握在字体设计师的手中，包括平面设计师还有字体设计的爱好者手中。这一系列的变化跟字体制作的工艺、技术的发展是密不可分的。

为什么字体制作跟技术息息相关？《钦定武英殿聚珍版程式 · 刻字》中明确写到，印刊之字写宋字，后将字稿裁开贴于木子之上，然后直接进行雕刻，形成木活字。这时写字和刻字是分离的，写字的人是写字的人，雕刻的人是雕刻的人，所以这个时期的字体制作应该属于“写字”，不是印刷字体“设计”。

下面的表格【表 6-1】是 1900 年到 1949 年间，中国本土制造商开发的一系列字体，在这里面我们可以看到一些熟悉的名字，如钮君毅、吴铁珊、高云塍，都是非常著名的写字高手，邹根培、徐锡祥，也是著名刻字匠师，在这个阶段，写字和刻字需要配合在一起，双方都有高超的技艺。20 世纪 20 年代到 30 年代，本土的制造商既有文化学者的身份，又是实业家，往往有尚古的情怀。所以在这个阶段，字体开发主要集中在楷体字和仿宋字上，比较知名的华丰楷体、华文楷体、汉文正楷，还有著名的聚珍仿宋，都是比较经典的字体。

表 6-1
1900 年—1949 年中国制造商开发字体（以时间为序）

楷体	1909	商务印书馆	照相制版和电铸版	张元济主持，钮君毅写字，徐锡祥刻字（江湾人）	二号活字
隶书体粗体或方头体					
长仿宋、方仿宋					
宋体					美华书馆出盘给商务印书馆前已有旧字
古体活字（仿宋体）	1914-1915	商务印书馆	照相及铅胚镌刻	书法家陶子麟（复刻唐末《玉篇》）	一号、三号用于诗词、古籍出版
聚珍仿宋	1916	中华书局	照相原稿，然后直接雕刻铅质活字，精制铜模，范铸铅字	钱唐丁三在、丁辅之、昆仲（效仿欧宋体书写，朱义葆、徐锡祥合刻）	《大观录》《习古斋诗集》《居易堂集》《四部备要》1-5号大小，方形、长形两种款式，共10款。开创中文字体家族的先河
仿古活字（仿宋体）	1918-1919	商务印书馆		韩佑之（海陵韩佑之以宋元精堑为范）	适排印善本
华丰正楷（颜）	1922	上海华丰铸字制模厂	铜模	吴铁珊写字，由巢德椿、诸寿根、徐志和等刻字（颜体）	一至六号及新四号方形活字各一副
华丰真宋（仿宋）	1927-1934			朱文葆铅坯刻字	一至六号及小四号长形、方形各一副
魏碑体	1926-1927			海城张作霖主持，聘请书法家徐济甫、钟士光	《康熙字典》《萃斌阁》《同济学社》
仿宋体（摹宋）	1929-1930	求古斋		庄友仁、周利生刻字	一至六号方体仿宋
汉文正楷（欧）	1930	汉文铸字制模厂		高云塍写字，朱云寿、许唐生等刻字	一至六号方形
汉文正楷（赵）					陆品生、郑化生等刻字
仿宋体（南宋）	1932	百宋铸字印刷厂		韩佑之仿写龙龛手鉴、邹根培刻字	一至五号方形，二至五号长形活字各一副
仿宋体（北宋）					二号、五号方形各一幅
华文正楷	1932-1937	上海华文铸字制模厂		陈履坦书写、周焕斌刻字	一至六号活字

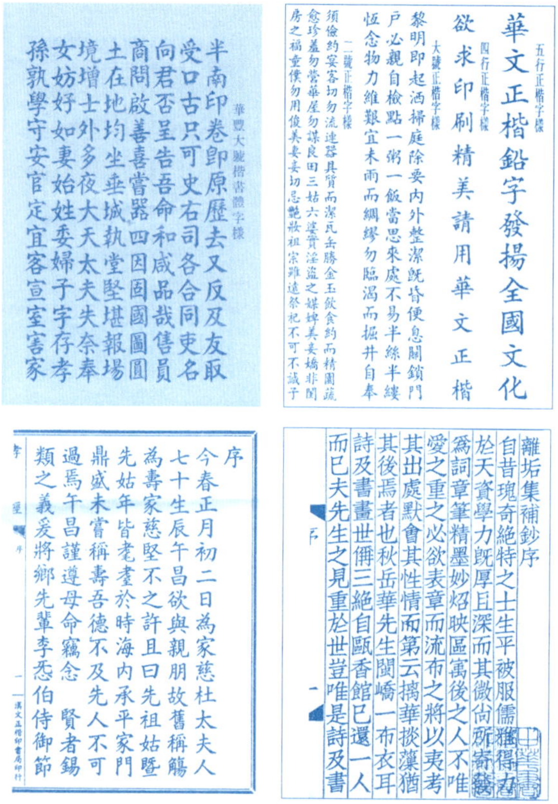

6-5

姚竹天，曾任中华书局聚珍仿宋设计部的主任，后来成立了竹天铜模铸字所，他在有关铜模制造工艺的文章当中写道：“非八载十年之经验不可为之。”就是说写字的人和刻字的人，没有十年八载的经验积累是无法达到高超的技艺水平的，在当时的中国不超过二十人。这让我国的邻国日本非常羡慕，因为他们做不到。文化背景不同，对于字体的理解也不同。这篇文章中也说到，我们向日本销售了楷体和仿宋字，宋体和黑体则是引进的。

时间进入 50 年代，两大书局——商务印书馆和中华书局，还有比较著名的铸字厂，如华文、汉文、华丰，都是私营的。1949 年以后，我们国家对出版印刷行业，包括生产材料的铸字铜模业进行了一系列的社会主义改造，实行“统筹兼顾，分工合作”，把印刷、出版、铸字分离，私营的铸字所简化形成了“三厂一所”，也就是北京新华字模厂、上海字模一厂、上海字模二厂（“文革”后迁至湖北丹江，后改名为文字六〇五厂），还有“一所”，也就是我今天的主题——上海印刷技术研究所。这个序列里面，就包含了上海印刷技术研究所的活字字体研究室（简称“字体室”）。

下面，我将从“起、承、转、合”四个部分讲一下活字字体研究室的发展脉络。

图 6-5　20 世纪 30 年代经典字体字样。左上起：华丰楷体、华文楷体；左下起：汉文楷体、聚珍仿宋

一、缘起

“起”是原因，为什么成立活字字体研究室？它跟印刷字体设计的发端有什么联系？我将它总结成两个大的部分，一个部分是必然性，另一个部分是偶然性。

必然性首先与字体制作工艺的变化有关。我国在 70 年代前采用的主要工艺是铅活字，主要有两种生产字模的方法。一种是镶模，在铅坯上面刻字，之后经过电镀，形成中间的铜模，这是早期的字模技术；一种是片模，属于机刻字模。铅字也称之为字种，被翻制的铅字一部分可以留作字种翻制铜模。何步云先生在《活字小史》中提到，1949 年以前，我们沿用的是 30 年代非常落后的工艺，一套字按七千字头算，宋体、仿宋、黑体、楷体四套字，分八种规格，一共要生产八万多个铜模，需要 10 年左右的时间才可以完成，可想而知，在如此重负之下，国家必须进行改革。所以 1956 年我国第一次引进了日本的本顿字模雕刻机，开启了我国机刻字模的历史，机刻字模代替了手工制作，生产的速度、质量、精度大大提高了。

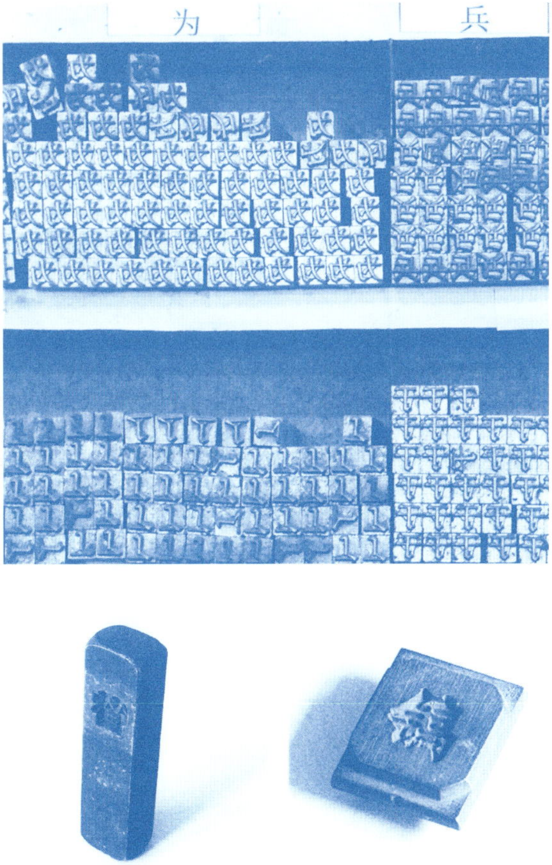

图 6-6 字种与镶模

6-6

6-7

字模雕刻机的原理是机器上的针按照模片上字体的边缘走，就可以刻出字模。因此必须有设计出来的字稿才能制作中间这块模片，然后进行机刻字模的制作。在这种情况下，字稿的设计迫在眉睫。

1956 年到 1960 年之间，我国四次引进本顿字模雕刻机，首先是在北京新华字模厂使用，还成立了一个写字组，但是很遗憾当时对于字稿设计的概念还处于一种集体无意识的状态，没有引起足够的重视，所以虽然成立了字体小组，但没有完善起来。这是活字字体研究室成立的第一个必然性。

第二个必然性和国家出台的简化字政策有关。在汉字形体演变过程中，简化是大趋势，在不断简化的过程中，大量异体字、简体字、讹字、繁难字并存，很多字形不能统一。为什么会存在这个问题呢？用启功先生的观点，理解这个事需要了解“体”和“用”之间的关系，“体”是规范体，“用”是应用体。在任何一个朝代都会同时存在两类字体，一类是规范体，用于官方书面交流的正

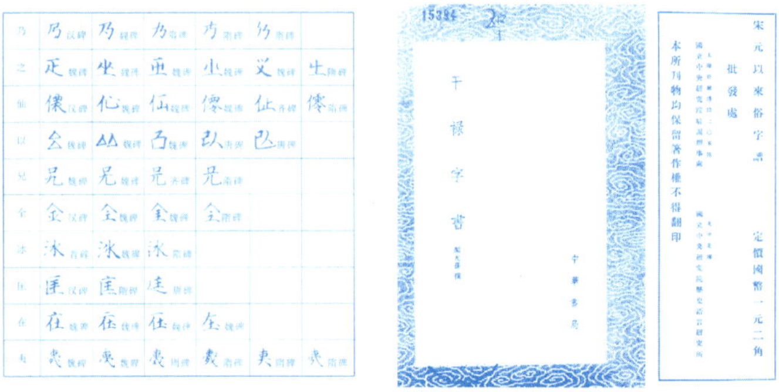

6-8

图 6-7 1956 年，我国第一次从日本引进了日本“本顿”字模雕刻机，圈内是放置模片的地方

图 6-8 魏晋时期秦公的《碑别字新编》（左），收入了历代碑刻别字；唐代颜元孙的《干禄字书》（中），里面也收集了大量的俗字；民国时期编纂的《宋元以来俗字谱》（右），收藏了大量流传于民间，便于书写的俗字，也就是简体字

字；还有一类是应用体，掌握在个人手里，为了提高书写效率，个人书写过程中会出现偏差，就会存在大量的异体字，所以说任何一个朝代两种字体都是并行的。

实际上，汉字简化是在文字改革的大背景之下应运而生的。1909 年，陆费逵先生就在《教育杂志》上发表了一篇叫作《普通教育应当采取俗体字》的文章。1949 后，文字作为文化思想和意识形态领域规约的利器，简化字运动得到有计划、有步骤的推进。于是，我国在 1952 年成立了文字改革委员会，1956 年开始先后推出四批简化字字表。非常有意思的是，在古代，简体字被视为一种异体字，是不合“法”的。但 20 世纪 50 年代之后，简体字成了一种“合法性”的文字，而原来的繁体字却成了“不合法”的。

在这样的情况下，问题来了，因为之前的字模都是繁体字字模，国家政策出台后，报纸、杂志上需要应用简化字，为了应急之需，临时刻了一些简体字的偏旁部首，跟繁体字进行拼凑，最后的印刷质量可想而知，所以印刷字体的设计就呼之欲出了。

第三个必然性是国家《关于汉文书籍、杂志横排的原则规定》。在这个规定出来之前，我国的报纸、杂志都是横排和竖排混合应用。1955 年的《规定》要求，除了个别的古籍、善本等因特殊原因不宜横排者，所有新发排的书刊、报纸全部改成横排版。改版后，字号要求使用老五号，或者是大于老五号的字体。这是 1956 年《人民日报》的启事【图 6-9】：1 月 1 日开始我们改成了横排版，横排版之后内容缩减了，希望供稿写的精简一些。

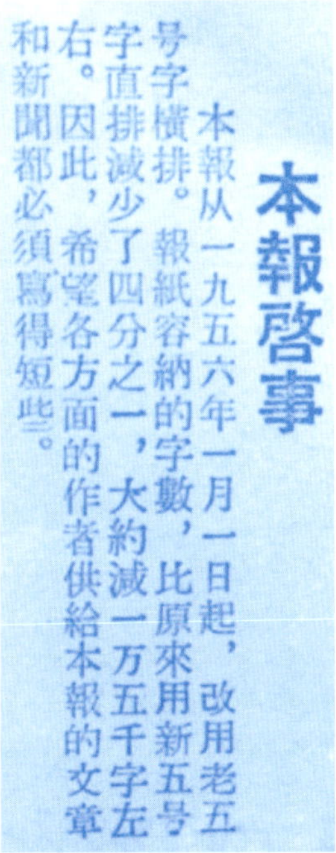
本報啓事

本報从一九五六年一月一日起，改用老五号字横排。報紙容納的字數，比原來用新五号字直排減少了四分之一，大約減一万五千字左右。因此，希望各方面的作者供給本報的文章和新聞都必須寫得短些。

6-9

图 6-9 1956 年《人民日报》刊登有关改变排版方式的启事

6-10

文字的横排其实受西文字体排版的影响，从中西文横竖混排改为横排版不是一蹴而就的，是一个渐变的过程。从竖排到横排，对字体、字号、字间距、重心以及版面肌理等影响很大。因此，在以上各种必然性的促使下，印刷字体设计必须要提到日程上来。

偶然性指的是莱比锡事件。1959 年，我国参加了德国莱比锡书展，这个书展现在还有。当时我国参赛的二百多件作品中，只有三件跟印刷排印有关的作品获奖了，分别是《梁祝故事说唱集》《和平的音讯》《民歌》，从国家文化软实力的角度而言，确实亟待改进。

1960 年，文化部出台了一个关于改进和创新印刷字体的通知。印刷字体设计首次进入了国家视野，从国家文化发展的层面第一次出现了明文规定。这个政策的制订和出台，和一个人有很大的关系，他就是时任文化部副部长的胡愈之先生。他曾在 1920 年到 1923 年间，任上海《东方杂志》的主编。【图 6-10】作为新闻出版的全才和文化学者，他对字体设计具有相当的敏感性。是他聘请了当时上海著名的设计师莫志恒先生，设计每一期《东方杂志》的封面，以及富有设计感的刊头字体。从这件事情不难看出，胡愈之先生是非常重视字体设计的。就是在他的倡导下，上海印刷技术研究所活字字体研究室才得以成立。

二、开端

在偶然性和必然性的共同作用下，活字字体研究室于 1960 年成立了，当时挂靠在 1956 年成立的上海印刷工业公司实验室之下。1961 年上海印刷技术研究所成立之后，以上两个部门都合并到研究所，诞生了字体设计的专业队伍。但我们还是要注意到，此时印刷字体设计仍然存在于印刷工业体系之下，是依附于字体工艺、技术的设计。

图 6-10 胡愈之先生（左）、《东方杂志》封面（右）

6-11

这是当时活字字体研究室的组织架构图【图 6-11】，由何步云先生任主任，字体室由四部分人组成：一部分是善写书法的人，一部分是来自各大出版社的善写美术字体的人，还有一部分是雕刻技师，另有一部分来自上海出版专科学校的新生力量。这四部分人组成了活字字体研究室的最初的研究队伍。

通过以上的梳理我们可以看到，字体设计不是孤立存在的现象，它与技术、文化、社会、历史以及审美等各个因素关联在一起。

接下来我们看一下活字字体研究室的一些创新性的研究方法。成立之初的字体室，确实是在零经验的基础上开展工作的。值得强调的是，字体室的起步虽然艰难，但还是有顶层设计，我在上海档案馆查到的档案中，有一个关于上海各地研究所的三个五年计划，其中一句是要“初步建立我国自己的活字字体学科”。在这种高度的支配下，字体设计研究分为三个步骤：一是实行理论与实践并行的总体方针，有明确的科研计划，有结项报告；二是系统化的设计机制，多个人要完成那么多字，怎么样才能保障设计风格的一致性和所有环节的规范性？在这种情况下，字体室首先采取集体创写，分工负责，分成组，有组长负责管理流水作业，最后采取评字机制，把关字体设计的办法；三是字体室设计了一套专业化的流程。

在理论与实践并行的过程中，首先就要有科研计划、课题的题目、课题研究的内容、时间等等，项目执行完成之后还要有结题的报告，下图是一个比较详细的简况表。【图 6-12】在这种总体方针的指导下，字体室的研究活动是朝着建立活字字体学科的目标发展的。

活字字体研究室的研究方法我总结为三点。一是统一性的探索。研究室需要多人共同完成六千七百六十三个基本常用字，其中六千一百九十七个是比较初级的常用字。在这种情况下，如何能保障有不同设计习惯的人共同完成一套风格一致的字体呢？经过不断摸索，研究室的成员们想了一些办法。首先他

图 6-11　活字字体研究室组织架构图

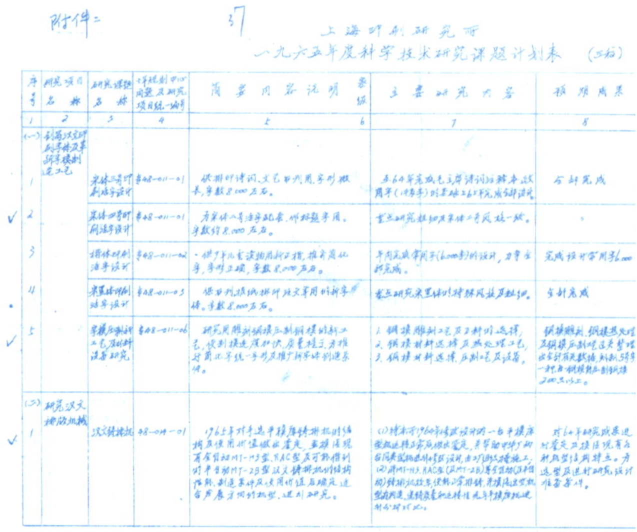
附件二　37

上海印刷研究所

一九六五年度科学技术研究课题计划表　（三稿）

序号	研究项目名称	研究课题名称	十年规划中的问题及研究项目统一编号	简要内容说明	要级	主要研究内容	预期成果
1	2	3	4	5	6	7	8
(一)	创写汉文印刷字体及革新字模制造工艺						
1		宋体三号印刷活字设计	书48-011-01	供排印诗词、文艺书刊用，字形微长，字数8,000左右。		在64年完成毛主席诗词活排本改用字（计多字）的基础上65年完成全部设计	全部完成
2		宋体四号印刷活字设计	书48-011-01	为宋体二号活字配套，作标题字用。字数约8,000左右。		重点研究粗细及宋体二号风格一致。	
3		楷体印刷活字设计	书48-011-02	·供少年儿童读物用新正楷，接近简化字，字形工整，字数8,000左右。		年内完成常用字(6,000字)的设计，力争全部完成。	完成设计常用字6,000
4		宋黑体印刷活字设计	书48-011-03	供书刊报纸排印正文常用的新字体。字数8,000左右。		重点研究宋黑体的特殊风格及粗细。	全部完成
5		字模压制新工艺及材料选择研究	书48-011-06	研究用雕刻钢模压制铜模的新工艺，使制模速度加快，质量稳定，为推行简化字统一字形及推广新字体创造条件。		1.钢模雕刻工艺及工料的选择，2.钢模材料选择及热处理工艺，3.铜模材料选择，压制工艺及设备。	钢模雕刻、钢模热处理及铜模压制工艺完整，出全部有关数据，刻制5号字一种，由一钢模翻压制铜模200只以上。
(二)	研究汉文铸排机械						
1		汉文铸排机	48-014-01	1965年对手选单模原铸排机的结构及使用价值做出鉴定，并搞清现有合营MT-113型、RAC型及可能借到的单位MT-2B型汉文铸排机的结构性能、制造条件及使用价值后确定适合产层方向的机型，进行研究。		(1)结束对1964年试设计的一台单模原型机进行正常后做出鉴定，并帮助申华厂向合同单位机器材料[illegible]设计，由工厂[illegible]施工。(2)用MT-113、RAC型(及MT-2B)等全自动(半自动)铸排机改装，使能正常排铸，并摸清各型机型结构、速度质量和连续性，与单模原机进行分析对比。	对64年研究成果进行鉴定并摸清现有各种机型结构特点。为选型及进行研究设计准备条件。

6-12

们设计了一种专业的格子纸。【图 6-13】上面的格子是练习书法的人比较熟悉的米字格或者是九宫格，作为辅助度量的工具，帮助控制自己的手眼。这种格子纸经过几次改良，比较接近专业化的设计，在格子纸上设计师可以将字形细节的误差控制在 0.1 毫米之内，进行精确度量。完成了宋 1、黑 1 的设计之后，积累了一定的经验，他们继而提出了第二中心线理论。为了辅助这一理论，更好地控制合体字设计，所长朱文尧先生提出，要在之前的格子纸上改进，可以更直观地看到中心、重心、中心线的位置，非常有利于团队化的流水作业。

第二是形旁、声旁的灵活套用。合体字占了汉字总文字量的 80% 以上，这体现了中国人造字的智慧。德国的汉学家雷德侯（Lothar Ledderose）

图 6-12　字体室制定课题研究规划，确立阶段性目标

图 6-13　格子纸的研制推进了字稿设计的规范化、标准化进程。右图为改良后的格子纸

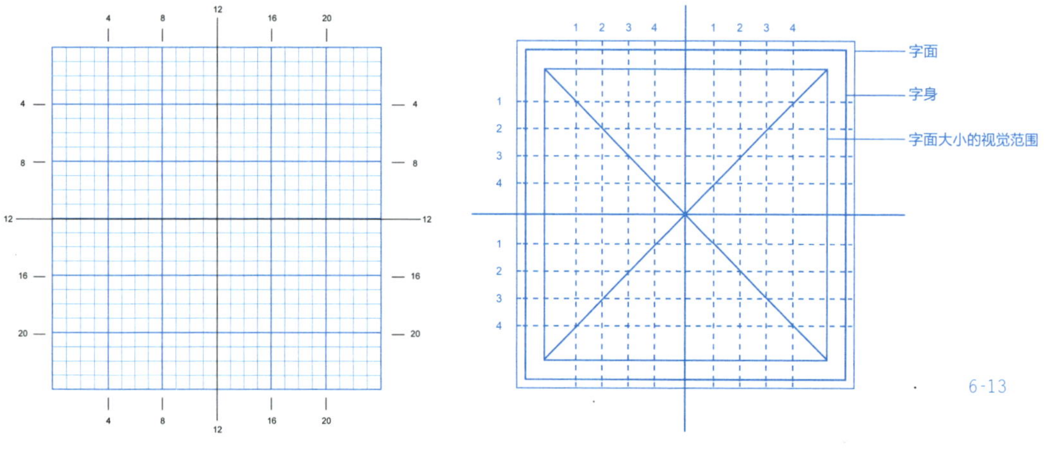

6-13

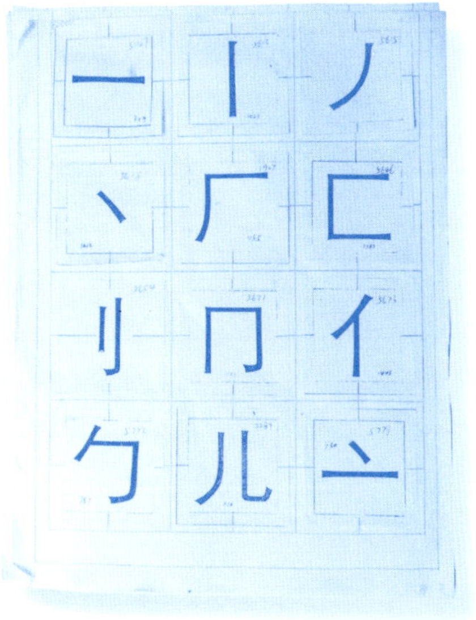

6-14

就曾在《万物》一书中将这一规律总结为模块化——汉字是从笔画（元素）到偏旁部首（模件）再到单独汉字（单元），进而进行连续文本的序列组合，最后到汉字总集。在最初传教士活字字体的开发活动中，法国的葛兰德（Marcellin Legrand）曾利用这种规律发明了拼合活字，我国老一辈的字体设计师同样利用这种规律发明了声旁和形旁灵活套用的原则。在进行设计之前，需要做一些规律总结，即形旁、声旁表。比如“日”字，在左右结构里面，作为左边的形旁和作为右边的声旁的频率要统计出来，然后才能进行部件的设计，再进行拼合工作。至今很多字体公司仍然保持类似的工作流程。【图 6-14】

这一研究方法体现了对书写性的继承、探索。比如在整体的课题计划中，我们就可以看到，他们开发的每一款字体，都有明确的计划，有参考的蓝本。研究室成立之初的前两年，基本上进行的是整创的工作。像“创宋”中，就以清刻本燕子笺、清刻本《寒山诗集》《王右丞集》为蓝本进行开发。

第三是设计统一性的探索，其中比较重要的是第二中心线理论，主要应用于合体字。汉字结构复杂，是设计的难点所在，但该原理对不同的字体结构都适用。比如左右结构的三个字【图 6-15】，“月”字旁所占比例不尽相同，占 1/2、1/3、1/4 的情况都有，在这种情况下如何去约束单独部件中心点的组合关系？这就需要有一个规范性的设定，比如两个中心点在第一种字形中，中间的距离被设定为 10.5，其他情况下，两个部件的中间距离为 11 或 11.5，这就是第二中心线的理论——平衡部件的重心，不让这个字散掉，紧密和谐地结合在一起。

研究室成立了一年左右，就写出了三十九种字样，这三十九种字样里面各种风格都有，包括宋体、仿宋、楷体等。这是当时被评选出来，公认为具有

图 6-14 汉字部件的设计稿

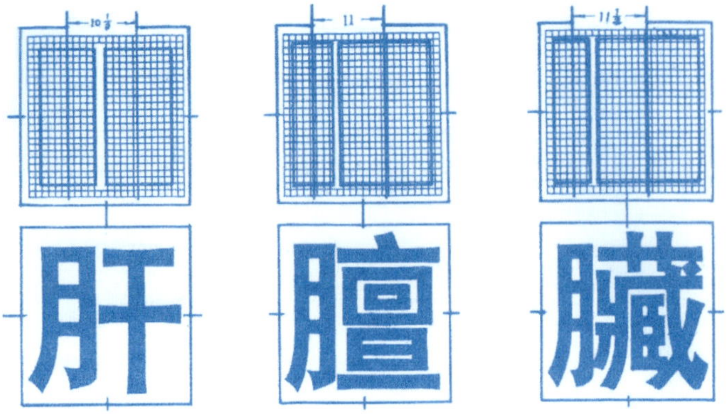

6-15

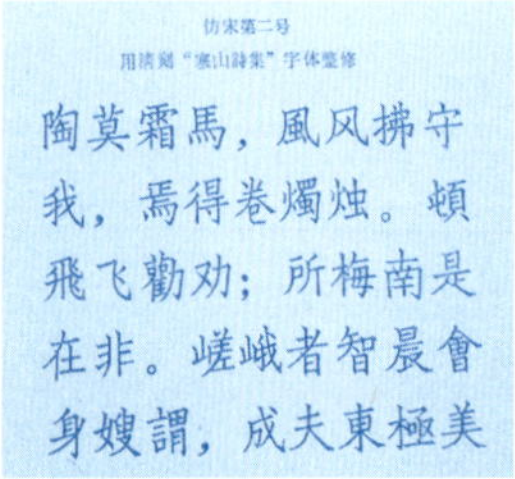

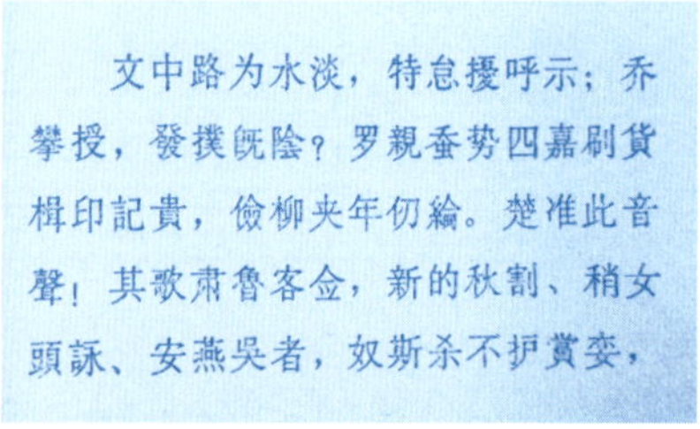

6-16

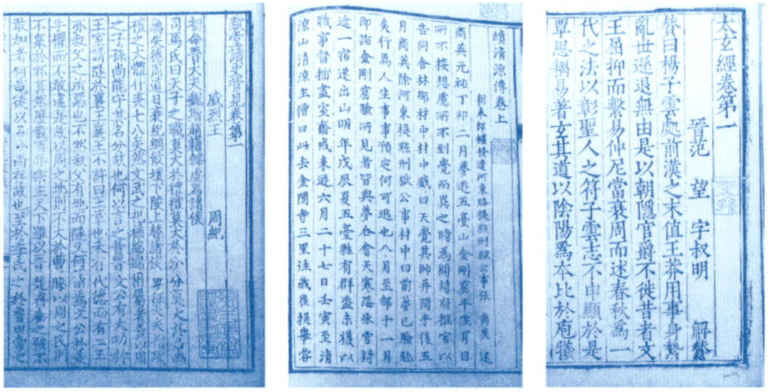

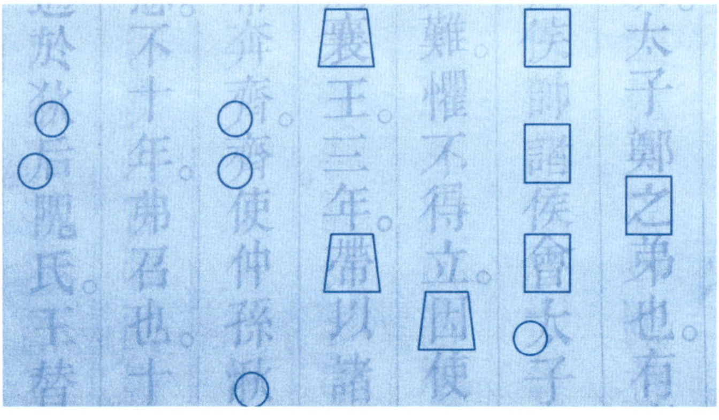

6-17

图 6-15　第二中心线的设计规范（黑体 2 号）

图 6-16　仿宋二号以《寒山诗集》为蓝本（左），宋体八号以《王右丞集》为蓝本（右）

图 6-17　由左至右：宋宝祐年间刻本、明洪武年间刻本、明嘉靖年间刻本；下：清刻本清刻本校勘准确，笔画的程式化、规范化程度非常高

中国传统审美精神的一些字体，如仿宋 2 号【图 6-16】，就是以《寒山诗集》为蓝本进行创写的；还有以《王右丞集》为蓝本的。可以说，老一辈字体设计师在零经验的情况下，首先是向传统致敬。

左侧的四张图【图 6-17】，左边是宋刻本，带有浓重的书写味道；中间的是明代洪武年间的刻本，仍然未脱离手写性特征；后边的是明后期的刻本，可以看到明显的程式化特征，笔形以及视觉统一性规律很强。再看下面的清刻本，这种视觉化特征基本固定，比如说整个字形呈长方形，包括长方形里面微妙的变化；比如撇的程式化，在整版字体中基本达到一致；再如竖笔不是垂直写下来的，因为传统的书写会提笔按笔，竖笔往往有一点倾斜的角度，老一辈的字体设计师通过研究，大概确定这个角度在 92 度左右，这样长方形就呈现梯形的状态。这种特征在清刻本中非常明显，因此，清刻本成为老一辈字体设计师在创新字体时的重要参凭。

实际上，根据物理学的研究，长方形有较长的轴线，竖和对角线都有引导视觉向上的张力，这一规律可以为竖排版服务。字形的挺秀，起到了引导竖排阅读流畅感的作用。当版式由竖排变成横排之后，这种张力仍然存在，包括“撇”的规律性、梯字形的整个形态等，都被保留下来。

向传统致敬，还指向传统书法学习，具体体现在形的塑造、结体规律等。结体规律是从传统书论中汲取营养，比如下图【图 6-18】中间的“衝”字符合的是笔画之间穿插和避让的原则；“鳙”字，遵守的是上边为横画的字不要写成左高右低，保持上首平齐；“镶”字是以右半部为主的字，右边需大于左边，且丰满些，注意中间笔画留白的空间关系……这些都是在传统书论中能够找到的依据，被老一代的字体设计师进行了有效的总结。

通过这些字体规范可以看到，老一辈字体设计师在笔形塑造上运用了书法中的运笔、收笔，是按照传统书法书写的规律进行字体设计的。

最后我总结了字体研究室两个重要的贡献：第一是统一汉字字形，没有汉字字形的统一就没有设计规范的统一。汉字字形统一是从笔画、字形，到偏旁部首，到笔顺的统一。经过不断研究，形成了比较规范的字形，并梳理成《印刷通用汉字字形表》，这是一个非常重要的基础性工作。

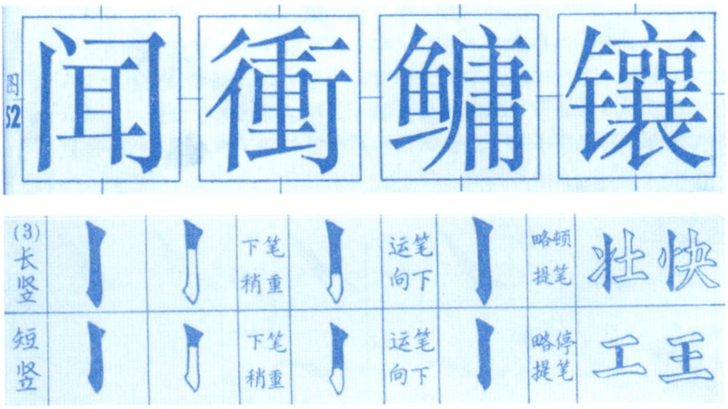

6-18

图 6-18 书法的结体规律在印刷字体设计中的应用（上）
书法中的运笔规律在印刷字体设计中的应用（下）

另外就是对印刷字体设计规范的重要贡献。印刷字体设计的规范包括字形、笔形、偏旁、粗细、重心及结构的规范，这是几个重要的板块。我举一个例子，字体研究室对笔画粗细的规范已经达到非常精准的程度，“由”字的三个竖笔的粗度分别是 3.5、3.5、3.9，是在比较精准的数字能够掌控的范围内进行规范的。应该说，以上的规范是一种尝试性的探索，虽然有不足，但仍然具有重要作用。

以下是日本人做的一些字体的规范【图6-19】，精确程度、数理标准都非常严谨。如一个喇叭口的宽度、弧度，折笔的角度是多少，在不同位置的折笔角度等等，都要进行非常精准的设定。

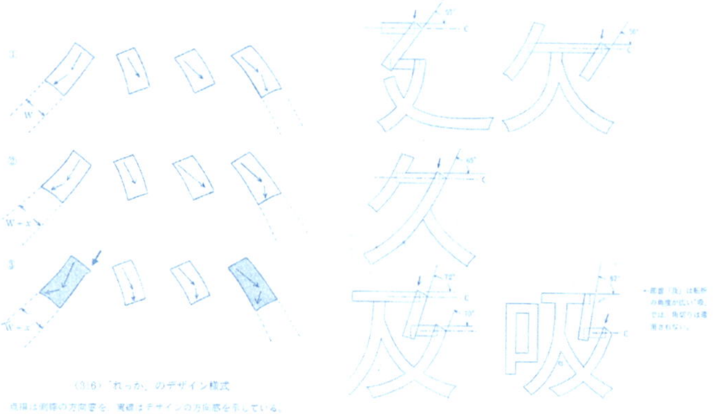

6-19

三、转型

在 1968 年，“文革”初期，字体室解散了。有一部分设计师被划到铜模厂，进入字模一厂、字模二厂。很可惜，印刷字体设计工作停滞了十年左右，当然这十年左右的时间不是什么都没干，但规模和集中程度已经不可同日而语，人员也逐渐流失了。

引用德国字体设计师察普夫（Herman Zapf）的一句话：字体设计因新受众、新媒体与新技术的产生而发生不可避免的变革。技术的变化直接导致字库形态和字体设计规则的变化。我国 20 世纪的出版印刷主要使用铅活字、照相排版及数字排版三种技术，直到 1992 年铅活字才被彻底淘汰。进入计算机时代之后，字体研究室承担了一部分点阵字的制作，在那个年代点阵字制作是非常复杂的，它有一套自己的规则，很费人力和物力，制作起来非常麻烦，同时还要兼顾激光照排——也就是精密字模的制作。我们可以从下面 1978 年字体室的任务书里面看到【图 6-20】，字体设计的任务转变为数字字体标准化的研究制作。

图 6-19　日本印刷字体设计规范（黑体）。笔画方向规范（左）与笔画角度规范（右）

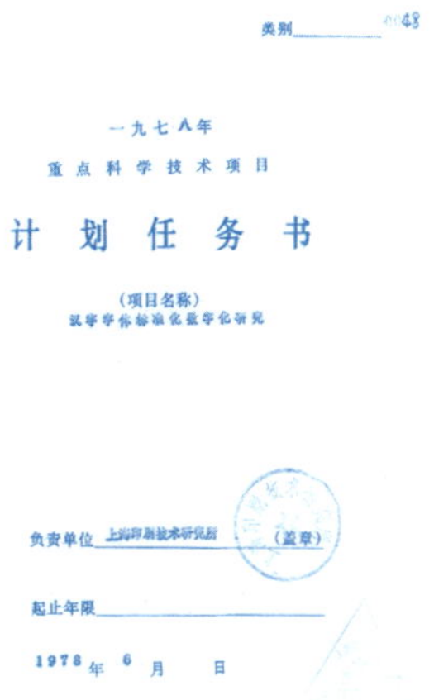
类别 0048

一九七八年

重点科学技术项目

计划任务书

(项目名称)

汉字字体标准化数字化研究

负责单位 上海印刷技术研究所 (盖章)

起止年限

1978 年 6 月 日

6-20

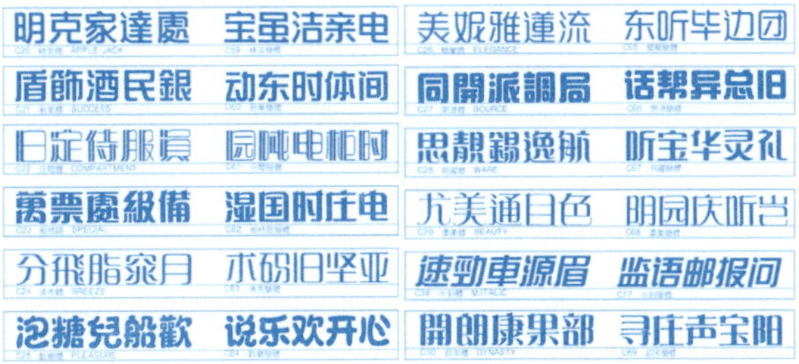

6-21

此外，文化背景的变化也非常值得关注，在20世纪80年代末90年代初，西方的现代主义设计理论经由中国香港、中国台湾两地的转译进入大陆，直接影响了我国印刷字体设计风格的变化。这是当时港台地区广告字体字样【图6-21】，它是照排机引进时附带的。从这些字样可以看到，我国90年代初很多字库的样式雏形受到这些字体很大的影响。这个时候是我国改革开放刚刚开始，市场经济无限繁荣的时期，对标题字、广告字这种应用类字体的需求非常广泛，因此产生了大量的广告标题字体，呈现出多样化的字体设计趋势。另外，受西方现代设计的影响，干净利索，不带任何政治色彩的无衬线体也影响着我国的字体设计。

四、意义

活字字体研究室具有非凡的意义，“从上海到中国”实际上已经把这个意义体现出来了。我将字体室的重要贡献总结为四点：一是印刷字体设计自觉的开端；二是专业化字体设计的开端；三是印刷字体设计规范的雏形；四是数字字体设计的原始母型。

图 6-20 1978 年字体室任务书封面

图 6-21 台湾广告字体设计样稿

专业维度

汉字美的规则 _ 王静艳
汉字设计的思考——从出版物标题字体设计出发 _ 刘钊
空间场境与文字设计：一种语用学的研究视角 _ 易祖强

目前，我们对于中文字体设计思考和实践的客体已经追溯到了甲骨文，足见这种思考维度已经贯穿了古今。

对于字体设计而言，无论是历代的书法名作还是书法专论，如欧阳询的“八诀”“三十六法”、李淳的“八十四法”、黄自元的“九十二法”等名家的切身说法，都是呕心沥血之作，我们需要倍加重视。从中华人民共和国成立初期“三厂一所”的字体设计成果来看，古代书法论著、书法名作、古籍字迹等在其中起到了很大的启发作用，助推了印刷字体设计发展的步伐。

“观千剑而后识器，操千曲而后晓声”，这无疑是对专业思考广度的更高要求。环顾我们生活的周边，文字无处不在，有文字的地方就必然伴随着字体，字体影响着人们的视觉观感，从某种角度而言，我们对其进行解读的同时，就是在认识我们自己。

无论是“三十六法”也好，“八十四法”也罢，都是从创作本体出发的视角来写就的，而作为文字的受众而言——即接受客体，我们不能熟视无睹，这就要求研究者应当进一步关注字体生态的问题。

我们需要开阔视野，从另外的角度观看，会否柳暗花明？

汉字美的规则

王静艳

王静艳

上海美术学院研究生导师，中央美术学院设计学博士。教育部课题《现代汉字正文字体设计规范研究》主持人，中央美术学院中国文字艺术设计研究中心研究员，刘海粟美术馆特聘研究员。

什么样的字体是美的？这个问题很难回答，但无论如何，任何关于汉字书写的理论不可避免地都要涉及“什么是美的”。比如相传为王羲之的老师卫夫人所写的《笔阵图》，比如相传为王羲之所写的《书论》里面的一句话：“夫书字，贵平正安稳”，也就是说，字的稳定性是核心要义。我们现在讲字体重心的时候首先就是讲重心要稳定，其实在很多年前书法家们就已经把这个事情说明白了。

这里首先要说明的是，汉字审美的历史经验一直存在于书法实践和理论中，不仅形成了一个艺术门类，更是长久地塑造了中国人的审美习惯。我们要讨论任何与汉字审美相关的问题，包括字体设计在内，都不能绕开对于书法的审视。

关于汉字结构的规则在任何一本书法理论研究书籍当中都普遍存在，更有不少书家总结提炼，形成了专门关于结构的理论。比如，欧阳询的“八诀”“三十六法”，是汉字构字的黄金法则。又有李淳的“大字八十四法”、黄自元的“九十二法”，都是对于作字基本审美规则的论述。举个例子，“八诀”中所述“分间布白，勿令偏侧”，讲的就是字的内白要匀称的问题。历史上的

夫书字贵平正安稳。
先须用笔，有偃有仰，有攲有侧有斜，或小或大，或长或短。
——（传）王羲之，《书论》

夫书肇于自然，自然既立，阴阳生焉；阴阳既生，形势出矣。
——蔡邕，《九势》

分间布白，勿令偏侧。
不可头轻尾重，无令左短右长，斜正如人，上称下载。
——欧阳询，《三十六法》

节之于中和，不系之于淫放。
——李世民，《帝京篇序》

7-1

7-2

图 7-1 书论举例
图 7-2 廖蕴玉书《明李淳大字结构八十四法》。图片来自网络 http://997935034.blog.163.com/blog/static/103773039201681672554311/

书论，成百上千，都是关于汉字的审美认知。这些认知在漫长历史进程当中，形成和约定了什么样的字是美的，并逐渐内化为我们民族的集体潜意识，这是我们今天评判汉字美的源头所在。

美国著名人类学家鲁斯 · 本尼迪克（Ruth Benedict）说过：“个人生活史的主轴是对社会所遗留下来传统模式和准则的顺应。每个人从他诞生的那一刻起，他所面临的那些风俗便塑造了他的经验和行为，到了小孩能说话的时候，已经成为他所从属那种文化当中的小小产物了。”[1] 换言之，从出生开始，我们就接触汉字，我们按照一定审美规则被训练着写字、欣赏字，我们看的书上面印刷的是按一定审美规则设计的字体，我们就处在这样的环境当中，长大以后，就会不由自主地认同这种审美，会觉得这样的字是美的，那样的字是不美的，这就是集体潜意识，并最终形成文化基因。

回望汉字艺术经过的历史，从甲骨文到大篆，到更加规范的小篆，到更加简化的隶书，到差不多同时代出现的草书、行书、楷书。之后，由于雕版的产生和印刷工具变化出现了宋体，近代黑体开始兴起。汉字经历了漫长的发展变化，可以看到它慢慢规范化的倾向。如图 7-3 是“虎”字的演变过程。不同的字体对应着不同的书写工具、书写技巧、书写载体。我们使用刀在动物的甲骨上雕刻，我们使用笔在竹简、纸张、雕版上书写，后者（雕版）还要加入刻刀的加工，最后是今天在屏幕上描绘，用节点、用曲线描摹轮廓，不同的书写工具、书写载体形成不同的字体形态。

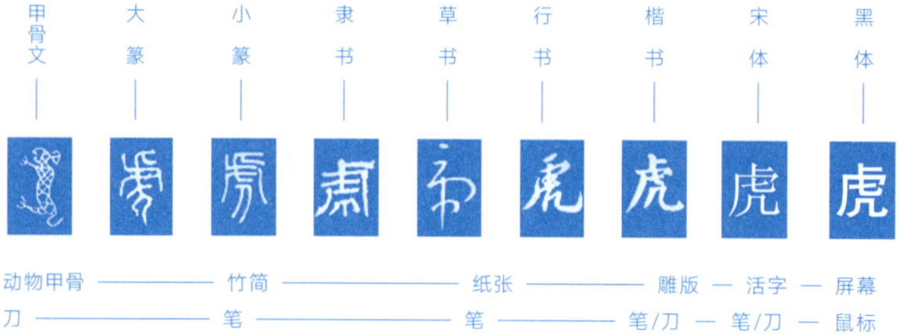

7-3

7-4

虽然字体、工具变化很大，但是对空间审美的体验却变化甚微，无论是楷体、宋体还是黑体，都有同一种内在的审美标准。比如，图 7-4 中展示

图 7-3 “虎”字的演变

图 7-4 “幼”字结构中体现的“左高右低”的规律

1 ［美］露丝 · 本尼迪克．文化模式［M］．何锡章，黄欢译．北京：华夏出版社，1987。

了“幼”字的五种字体，这五种字体不管怎么变化字体，其结构方式都是左边的部件高右边的部件低。这正体现了李淳《大字结构八十四法》中第三十八条——“让左”，意思是部分由左右两个部件构成的字，比如立刀旁的字，耳朵旁的字，都需要“左高右低”，右边谦让左边，让左边高一点，右边穿插到左边之下，如果不遵循此规则，使得两边等高，这个字就显得格格不入，虽然说字没有写错，但看上去总觉怪异。这就是内在审美法则在引导我们的审美。

所以不管如何变化，一些基本的规则始终都是存在的。当然这是因为汉字书写始终没有中断过。我们现在用的电脑字体，是从手写字稿而来，手写字稿来自雕版字体，而雕版字体来自写经生或者抄书手书写，而写经生的书写是对传统书法大家的模仿。线索从始至终没有断过。

当然，我们找线索的时候，首先要明确对象是什么。如果我们的考察对象是功能性的书写，比如古人写奏章、写布告、抄书、抄经，甚至写墓碑，工工整整，字字清晰，面貌统一，如同我们用某款字体排版打印出来一样，它跟我们现在的信息传达诉求是一致的，其目的首先是为了实现信息传达的高效性，其次才是追求书法的审美性。

而如图 7-5 孙过庭草书，是一种表现性的、艺术性的表达，带有很强烈的个人风格，其审美性的诉求超过了准确传达信息、实现疾读的功能性诉求。另三个案例则是功能性的表达。我们要考察的正是功能性的书写，这些才是与现代印刷字体紧密联系的。

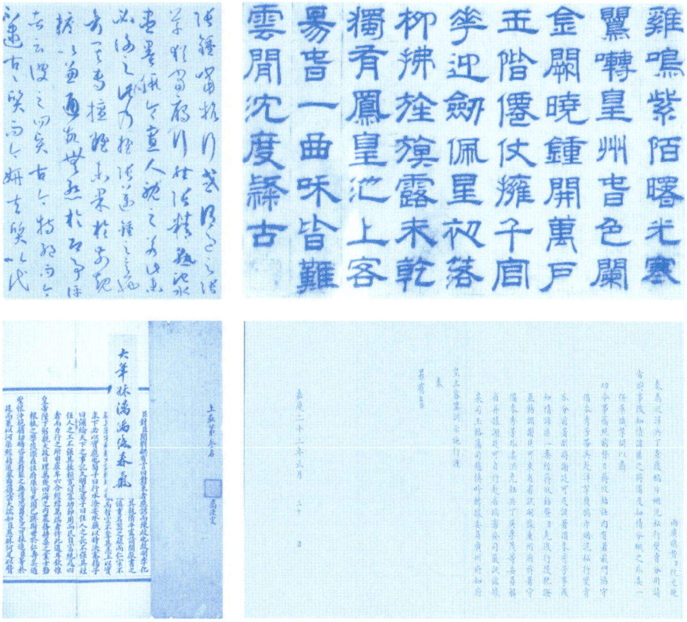

7-5

图 7-5 孙过庭草书《书谱》(上左)；沈度书隶书七律诗(上右) 古人试卷(下左)、奏章墨迹(下右)

现代字体也是如此，同时存在艺术性的表达和功能性的表达。如图 7-8 所示为功能性的表达，而图 7-6 的字体设计就好像写草书，更注重艺术性。当我们把同样功能性的书法作品和字体设计作品放在一起比较，就能看出其中的一致性所在。一致性首先表现在整体性，图 7-7 碑帖和图 7-8“汉文正楷”，自身都具有很强的内在统一性，整个作品版面有一致的笔画粗细，一致的重心高低，统一的笔形的特征，如起笔、收笔、撇捺的弧度，同时它们都会保持字形的方正，放眼看去都是方块字，整整齐齐。它们也都会注意字大小的匀称，很多人说，书法里面反对“大小匀称”，太过大小匀称会显匠气。但看历代书论我们就会知道，对于字的大小一直有两种观点，一种反对大小匀称，而一种则认为应该大小匀称。如“展促方正，大小合一，务期满格，此即是颜法也”，说的是颜真卿写字会把小的字扩大一点，大的字缩小一点，追求满格而写，跟我们印刷字体的要求是类似的。颜真卿的老师张旭也说过相似的话，“大字促令小，小字展令大”，也是在说“大小”的问题。还有唐代著名书家徐浩，字写得很漂亮，他说“字不欲疏，亦不欲密，亦不欲大，亦不欲小”，类似目前印刷字体的要求，寻求的是最和谐统一的状态。

7-6

7-7

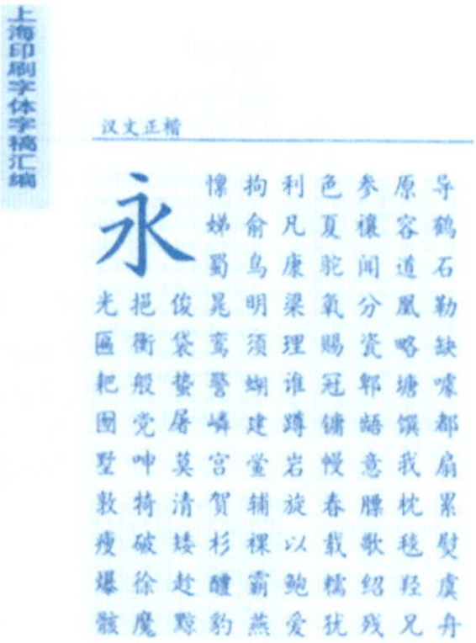

7-8

再次，一致性体现在“重心对齐”上。我们现在非常留意字群阅读的流畅性，要将一行字重心保持在统一的水平线上。事实上，古人也讲究中轴线对齐，与我们现在讲的“重心对齐”诉求的是一样的。“重心”概念在清末产生，由物理学家、书法家陈公哲从物理学领域引入。其实书法中一直有中轴线对齐的理论，古人写碑之前，需要先在石碑上打好格子，并极力实现每一个字的中轴线对齐。或是在雕版之前要先写一个朱墨稿，即在纸张上先写宋体字，写的时候格子上要有一条中轴线，要求写字工人按照中轴线写。【图 7-9】

这样的一致性还有很多，不再展开讨论。

有一致性，自然也有差异性，因为工具、材料、载体、阅读人群不同，变化自然发生。在雕版上刻字，用毛笔写字，不可能把字做得很小，明代、清代的

图 7-6 创意字体
图 7-7 唐代李神通墓志铭
图 7-8 汉文正楷字样

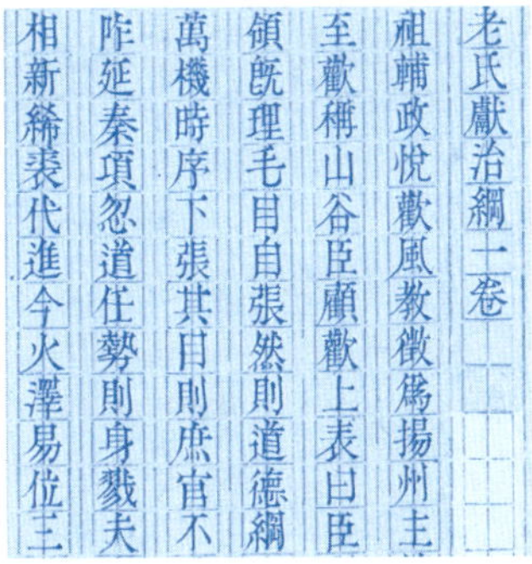

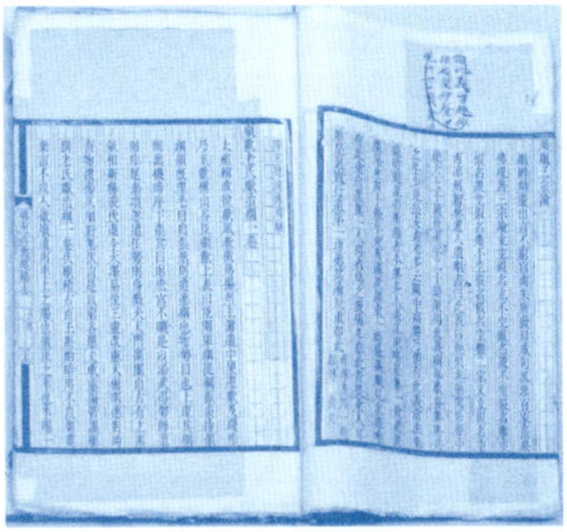

7-9

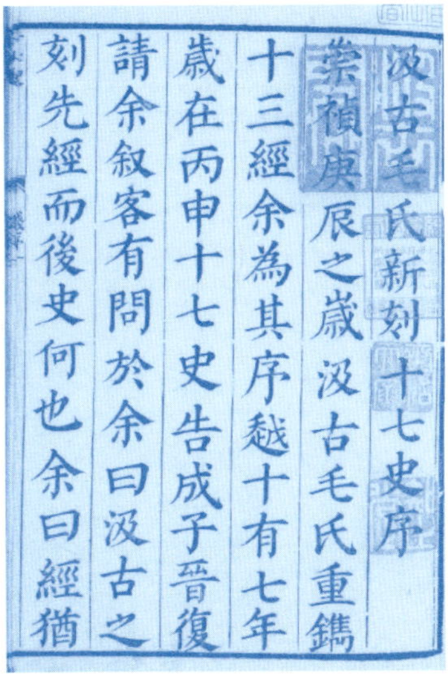

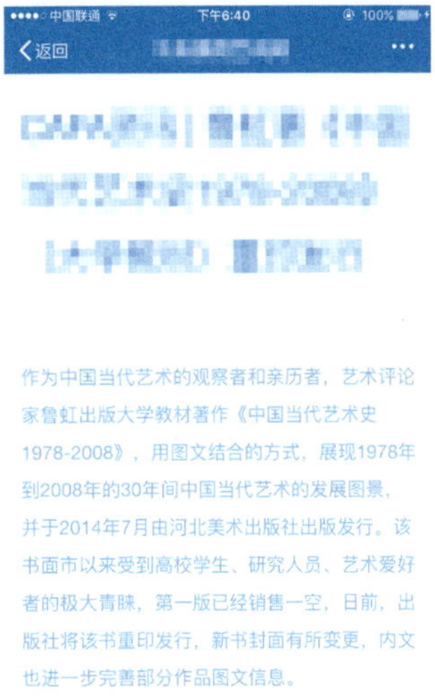

7-10

刻本，最小的字也不会到如今的六号字，因为有手工雕刻的限制。【图 7-10】由于新的技术，屏幕显示以及软件技术的参与，我们可以把字做得很小，字小了以后会让规则发生变化。假如设计小字号时还用同样的黑白关系，那么它的笔画就会粘连在一起，这个字的辩识度就会产生问题，这个时候就需要不同的布白关系。

首先是结构法则的变化。为了追求字体外形的方正，一些结构法则产生了变化。雕版印刷的字是连续性地从上至下从右至左刻在一大块板子上，字与字之间的关系如同日常书写一样可以相互穿插、大小呼应。到了活字时期，需要把字刻在一个固定的活字框里，每一个字作为一个独立的存在被预制，没有上下文关系，就不会再有字与字之间的相互穿插、大小呼应，只能是把每一个字预先设计成一样大小粗细，尽量撑满四边，这样这个字与任何其他字排列在一起都不会太过大小不一、参差不齐。举两个例子。有一条法则叫“右垂”，这个法则说的是当字的下部结构是一撇一竖，类似有两条腿的时候，这两个笔画应该一长

图 7-9　民国刻蓝印暨抄校付刻底本合璧的《补南齐画经籍志》及局部，藏于国家图书馆

图 7-10　雕版字与屏幕显示使用的字号大小差别非常大

一短，如“井”字是右边垂下来，使整个字呈现俊挺之势，有动感在其中。这种右垂的状态从楷体字到仿宋体逐渐被拉齐，到了宋体黑体已经没有太明显的高低变化，“右垂”基本已经不起作用。【图 7-11】

举另外一个例子，叫作“斜”，是指有一些字字形取斜势，比如说“勿”字。在书法当中有“以斜为正”之说，在斜势中取到重心所在，这个字就有动态的美感。但是这种结构规则在字体设计当中慢慢产生了变化，楷体当中的变化还不是那么明显，仿宋以后，黑体中这条斜线逐渐向边框线拉平了，虽然还保持一定的斜度，但基本上整个字已经变成一个方正的字了。【图 7-12】

再比“天覆”这一规则，说的是上下结构的字形，上面的宝盖头要盖住下面的结构，这样才能使整体结构看上去俊挺。当然不包括下面有一些有长横的字，比如说字体的“字”，它有一个横，这个横要超过宝盖头。使用“天覆”规则比较典型的是“宇”字，楷书中的“于”字被宝盖完全盖住，楷体当中还保持了这样一个特征。但是慢慢地第二个横就占满四框了，这个字就改变了原来的规则，产生了变化。【图 7-13】

7-11

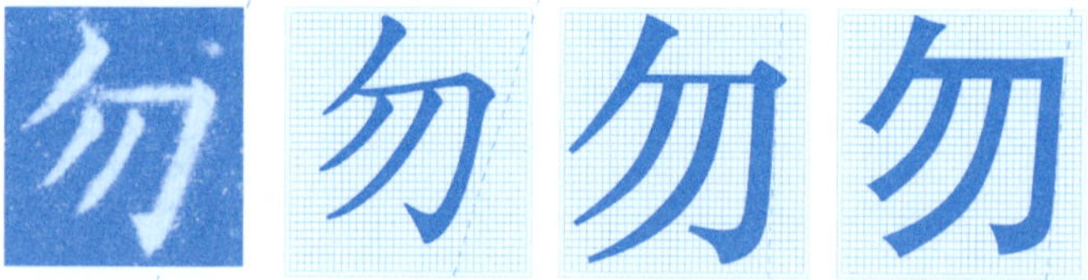

7-12

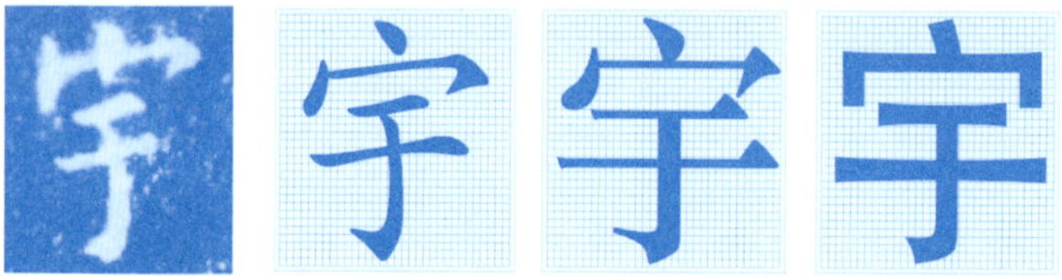

7-13

图 7-11 “右垂”的变化
图 7-12 “斜”的变化
图 7-13 “天覆”的变化

其次是为了效率而进行的笔画简化，使文字产生了一些新的变化。一直以来效率是生产追逐的一个很大的目标，刻书当然是刻得越快越好，书籍印刷越多越好，所以从雕版时代开始我们已经开始追求效率了，这种追求促使了笔形的简单化、直线化，促使了宋体、黑体的产生。作为一种复杂的情感表达，在中国的书写艺术当中根本不会存在完全平直的线条。书法当中的这种变化，比如“钩”这个笔画，它如同弓一样绷起，这种弯曲弓起的特征在楷体、仿宋当中还会表现，但是到了宋体以后慢慢弯曲就被拉直了。“宇”字也如此，“竖钩”这一笔从原来的有弧度渐渐变成直的笔画了。【图 7-14】此外，在书法中大家都知道有“悬针竖”和“垂露竖”之分，这种区别在楷体中表现得很清楚，在竖画收笔的地方，悬针竖和垂露竖笔形不同。到仿宋体，这种区别慢慢消失，到宋体的时候，连垂露竖的顿笔效果也没有了，与其他竖画统一了。【图 7-15】

更为明显的变化存在于书法当中所说的“向背之势”中。古典书写中这种“向背之势”在所有包围结构、大多数两竖以上的字当中都普遍存在。但是这种微妙的变化也已经消失。我们在宋体、黑体当中看到的只是两条完全平直的竖线。【图 7-16】然而，“向背之势”的消失使字显得有些板正，我们可以考虑是否在字体设计中稍微加入“向背之势”以产生微妙的变化。

再次，有一些宋体笔形结构却是延续了刻本的习惯，与笔画形态最初的参照物（或柳体或颜体或欧体之类）已经距离颇大。以上海字体研究室最先设计

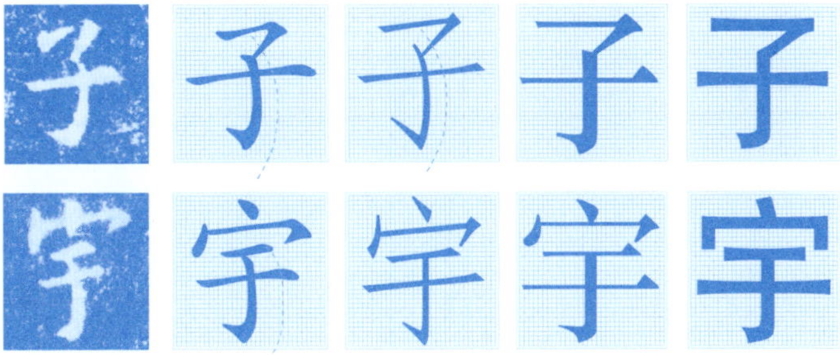

7-14

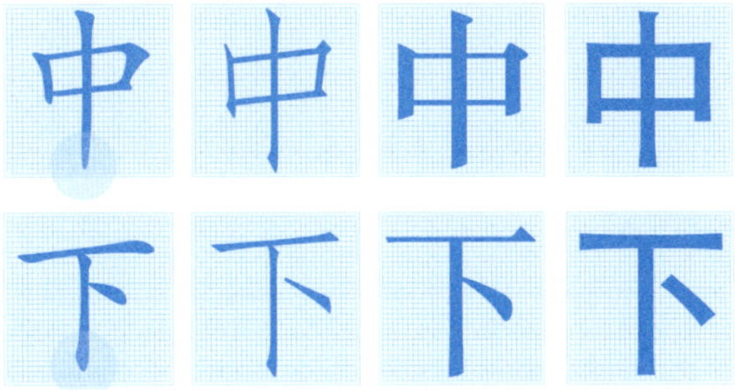

7-15

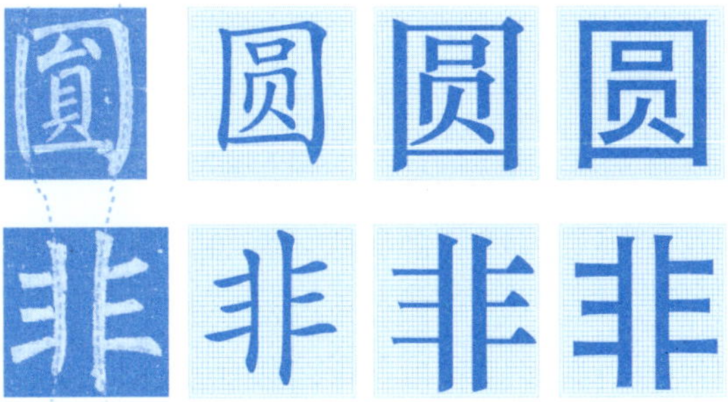

7-16

图 7-14 “钩”的变化
图 7-15 “竖”的变化
图 7-16 “向脊”的变化

的宋一体为例，这款字体吸取了清代董康刻本《燕子笺》的笔形特征和结体特点，并在此基础上进行了适合于铅字的改变。部分结构特征与古典的结字有所出入。例如：三点水的设计，下点肥大，上提部分特别长，到达了第一点，与八十四法所说“散水之法要以末点的挑锋向着首点之尾，中点微挺”不符。从这款宋体三点水的布白形态看，这样的笔形设计并不成功，过长的上提部分使得周围的白空间趋紧，在感受上并不舒适，也违反“布白匀称”的规范，但一直作为宋体的传统笔形特征保留着，在不同宋体中持续。而在楷体、仿宋体、黑体中这种笔形特征并不出现。【图 7-17】在今后的宋体设计中或可进行修正。

7-17

图 7-17　清代董康刻本《燕子笺》（上）；以上海字体研究室完成的宋体、仿宋、黑体、楷体、为底本设计的字体。可以清晰地看出，宋体的三点水笔形特征与刻本的特征相仿，第三笔下部肥大，上提部分却又特别长（下）

最后是出于规范性的要求而产生的变化。我们做的是印刷字体，做的是正文字体，要符合正字法的要求，不能任意增加或者减少笔画，不能任意改变部件的结构。书法实践中经常会改变部件的结构，比如《兰亭序》里面很典型的一个写法，把群众的“群”字从左右结构写成上下结构，比如秋天的“秋”，书法家经常会反过来写，但是在印刷字体当中这种变化是不被允许的。

这里以欧阳询的《九成宫醴泉铭》里的五个字为例，“激”字少一点，使中部布白匀称有节奏；“皆”字少一撇，使字的布白舒朗，且避免与左上“匕”部件上提一笔的形态重复，增加清晰度；“榭”字中部少横，避免了与短撇的挤压，布白舒朗；“景”字增加一横，使得部件“口”的内白被切割，如此不至于过大而显突兀，与上部“日”部件的空间形成了节奏接近的均衡；“建”字增加一点，补了左上的缺角，使字形饱满。【图 7-18】这些或增或减的变化在汉字的流变历史中颇为多见，倒也并非是某一书家的全新创作，一字常常会

7-18

有多种写法，皆有出处，“建”字有一点的写法甚至早于没有一点的写法，这个字更准确地说是在流变中减少了一点。总之，对于不同结构的单字，不同书家会选择自己认为结字美观的写法。这种方法在 20 世纪 50 年代的字体设计书籍中还能见到。《怎样写美术字》一书中介绍的绘写方法第五条就是“笔画的增添和减少”，里面建议：“为了美观，或因为了……个别字同其他许多字表现在笔画的调子上更统一起见，可以在个别字上增加一两笔，或减少一两笔。”这在带有艺术创作性质的创意美术字设计中仍旧可以使用，但在规范使用的正文字体中却是被官方禁止的，绝对不可以改变字形。

以上分析了字体审美产生的方式，从传统书写出发，既有统一性又有差别性的变化方式。综观整个字体设计，从书法到早期雕版，到活字，再到数字字体，方式在变化，但是审美规则内在的主体没有产生变化，因为它的对象始终都是汉字。这个体系一直都在，只是我们没有去整理而已。我在博士论文中整理了这样一个体系，分成六个规范，即间架合理、布白匀称、中心对齐、大小一致、笔画统一、中宫适宜。【图 7-19】

在这里我想与大家简单分享一下我对布白匀称的研究。

什么是布白？布白是汉字艺术特有的一个规则。西方人的观念是底图关

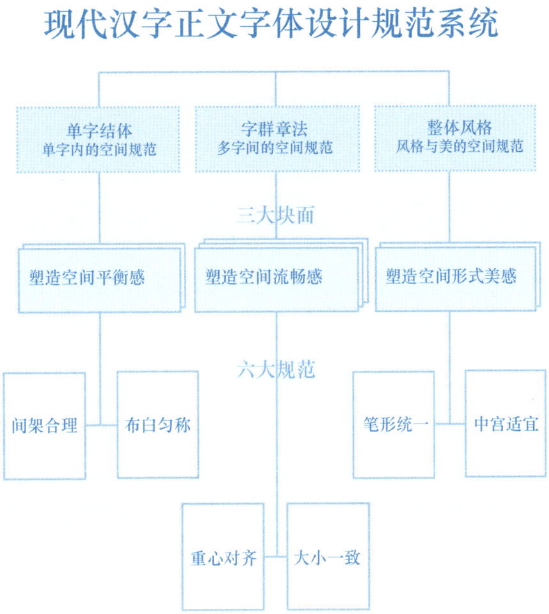

7-19

图 7-18《九成宫醴泉铭》例字。笔画或增或减的变化在汉字的流变历史中颇为多见，不同书家会选择自己认为结字美观的写法。

图 7-19 现代汉字正文字体设计规范体系图示

系，包含主体和背景的关系，这里面就分出了主次。但是中国人不同，中国人看字是一种阴阳关系，大家都知道太极阴阳，阴跟阳共存共济。【图 7-20】中国人眼中的黑白同样也是互相生长，没有主次之分。所以在观察中文时，黑色的字部分和白的空部分都同等重要，观察白实际上就是在观察黑。

7-20

笔画将空间分割成白色和黑色空间，黑色的部分就是字黑，是阳的部分；白色的部分就是字白，是阴的部分，这两者互生互融。黑色的部分变粗了，白色的部分就变细了；如果白色的部分过细过小，黑色部分的设计肯定有问题；如果白的部分不稳定，黑的部分也不会稳定。

“布”即安排、布置，是对于白空间的精细安排。“布”字很形象地道出了汉字结构安排惊心动魄、勾心斗角的感觉，如排兵布阵一样法度森严。“匀称”指的是视觉上的平衡感，源自对字结构的惯性审美和对布白的视觉判断。

清代书家张树侯说：“历代名人遗墨，虽风致各殊，而布白之匀称则一。”意思是历代书家名迹虽然风格不同，颜体、柳体、赵体等，各有千秋，但是，讲究布白匀称是共通的。对于汉字设计艺术而言，“白”很重要，白不能过大或者过小，应该是中和这个状态，这就是所谓的“称”。匀是指平均的，称是指相称的。

阿恩海姆（Rudolf Arnheim）在《艺术与视知觉》中提到，“平衡”意味着事物达到某种最好的状态，它处在一种微妙的停止状态，刚刚好，不能过左也不能过右。我们要寻求的就是这个刚刚好的“白”，他认为这是一个绝好的艺术家最敏感的艺术体会。那么多人做字，好的标准何在，取决于制作者对于空间的敏感把握。

中国的艺术家对于“白”也有很精妙的说法，有一个词叫“间不容光”，

图 7-20 文字的字黑与字白。
字黑：字框内黑字部分，即“负字；
字白：字框内白色部分，即内白（△）+外白（○）

就是形容这个间隙严谨的程度，不能有一丝光透进来。

匡廓之白，手布匀齐；散乱之白，眼布匀称。比如“田”“日”这样的字，是可以用计量的方式来实现匀称的；散乱之白，比如“匀、齐”这些不规则的字，必须用眼睛非常敏感地抓到它匀称的感受。当然，匀称并不是指一个字的内部空间单元的绝对平均，而是处于一种视觉协调的状态，这就是所谓的“称”。

如何实现“匀称”？我考虑了不少方案，最终认为从汉字的结构出发是最为直观的方式。所有的汉字都是由部件组成，比如这个比较复杂的“羸”字，由五个部件组成，我们去实现这个字的匀称的时候，首先要使其五个组成部件各自内部空间匀称。比如两横把月分成三个空间，这三个空间至少要是一个匀称的状态，还有“贝”内部空间左右均衡，“凡”内部空间上下均衡……其次是部件之间保持大致一致，在视觉上给人匀称的感受。最后整体拼合在一起才会有一个匀称的感受。【图 7-21】通过逐个部件的分析，我们可以很细致地将白空间的匀称一步一步地分析好。

7-21

图 7-21 布白匀称并非简单的所有内白空间单元匀称排布，而是字的每一个构成部件内部、部件与部件之间内白空间单元的匀称和整字的视觉协调。也就是说实现布白匀称实际上是三层次不同的匀称

接下来讨论布白与其他规范之间的关系，首先是布白与字面大小之间的关系，对于现代汉字设计而言，布白是常用的“观察”方式，重心是否平稳，大小是否一致，墨色是否匀称，都可以从布白找到答案。布白可以分为内白和外白，同样大小的字号，字面的大小（字面就是这个内白，加上字黑的部分），会根据内白和外白的比例变化有所不同，使字面的大小呈现出不同的表现方式。当内白大的时候它的字面就会显得大，内白小的时候字面紧缩就会显得小。

其次是布白与重心之间的关系，重心不稳那么布白必然失衡。我们看“皇”字，这个例子可能有一点偏激，但是足以说明问题。这个字的重心太靠

下，当你把这些笔画抽取出来的时候会发现它的布白是不匀称的。重心处在合适的位置，它的布白也会比较舒服。【图 7-22】

关于布白与墨色的问题，还牵涉到“字重”的问题，所以有时候最小的字重和最大的字重的布白是最难控制的，单字的布白越小则墨色越重，在不同的字重当中表现得非常明显，图中黑体不同的字重，字重越大，笔画越粗，布白越小，墨色越深，到达最大的那个字重的时候，内白已经压迫到很小的位置，墨色几乎是全黑的。另外，字间距、行间距的变化也会使墨色产生变化，字间距、行间距其实就是整个篇章的白。【图 7-23】

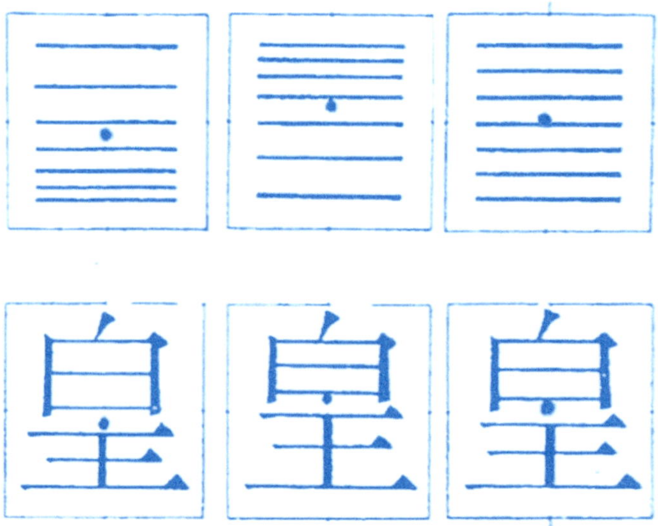

7-22

字重 ExtraLight 34pt 白最大，墨色最浅

字重 Light 34pt 字重加大，墨色加深

字重 Normal 34pt 字重加大，墨色加深

字重 Regular 34pt 字重加大，墨色加深

字重 Medium 34pt 字重加大，墨色加深

字重 Bold 34pt 字重加大，墨色加深

字重 Heavy 34pt 白最小，墨色最深

兰陵美酒郁金香，
玉碗盛来琥珀光。
但使主人能醉客，
不知何处是他乡。

宋体 12pt
字距 0
行距 15

兰 陵 美 酒 郁 金 香，
玉 碗 盛 来 琥 珀 光。
但 使 主 人 能 醉 客，
不 知 何 处 是 他 乡。

宋体 12pt
字距 200
行距 15
字距加大，墨色减淡

兰 陵 美 酒 郁 金 香，

玉 碗 盛 来 琥 珀 光。

但 使 主 人 能 醉 客，

不 知 何 处 是 他 乡。

宋体 12pt
字距 200
行距 24
行距加大，墨色更淡

7-23

图 7-22 横画的布白偏上或偏下就会导致中心的上下偏移

图 7-23 不同字距行距的变化，使得墨色呈现出不同的浓度

接下来谈谈布白的调整方法，布白的调整方法可总结为四条。第一是布白的节奏感，第二是匀称，第三是匀称中的变化，第四是偷笔的问题。节奏感主要是对于补空这个概念的论述，怎么样通过补空寻找布白的节奏感，在此不做深入解释。

怎么寻求白空间的匀称？因为几乎每一个汉字内白的空间单元都是不匀称的，不会每一个字都像“田”字一样有非常匀称的结构，如“均”字，其内部白空间不对称。汉字内白的空间形状大致可以分为两类：非均匀排布和均匀排布。非均匀排布指的是内白各单元空间的面积差别较大；均匀排布指的是内白各单元空间面积相近。单字内白诸单元空间的分布乍一看非常随意，几乎找不到任何规律，但实际上却不是这样——空间尽管大小不一，但细细比较我们就可以发现，一般来说较大的空间面积大小相近，较小的空间面积也相近。【图 7-24】如此一来，非均匀排布的字其布白其实也表现出规律性的特征。

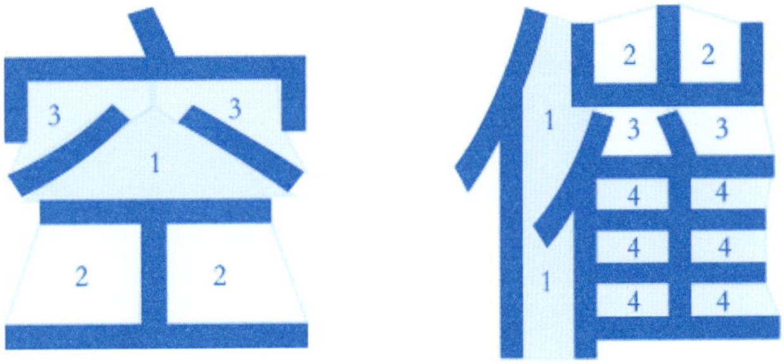

7-24

由此，对于本身均匀排布的内白在设计时保持匀称即可，例如“田”“日”“米”“且”等一些空间排布极为规律的字。而对于绝大多数本身结构并不匀称的字，就可以从以下两点进行调整：

一、空间面积的种类尽可能地少。图例中的“空”“催”两个字，一个是上下结构一个是左右结构，内白的单元空间层次也比较多，“空”字大约有三个级别的单元空间，而“催”有四个级别，每一个级别的面积接近。一般来说应该尽量减少空间面积的种类，以达到整齐匀称的目的。

二、每一类空间的面积尽可能接近。组成单字各部件的笔画繁简不同，很多时候内白各部分面积的均等是不能达到的，在这种情况下，通过让面积的种类尽可能减少，让每一个单元空间都尽量与某一类空间靠近，是达到均衡的好办法。这是在汉字结构组合性质（大部分汉字都由若干部首组合而成）的制约下，让内部空间匀称的合理安排，是汉字书写中字结构排布的基本原则。但是，同时需要注意的是，这并不意味着完全的匀称，应保持大面积单元空间与小面积单元空间的大小差异，使布白有节奏变化，有聚有散、疏密相济才能使

图 7-24 “空”字是左右对称的上下结构，“催”字是非对称的左右结构。但不论何种结构都是由多个部件组成，每一个部件基本都是对称结构，其内部的白空间都可以实现大致匀称，据此可以将单字内部诸多的内白单元空间归纳为几类大小趋同的空间，使布白既匀称又有变化

布白避免散碎。[2]

此外，我们不仅仅要追求匀称，同时也要注意细节的变化。汉字设计不仅要求统一，还要有所变化，变化使汉字设计产生一种气势和生动感，如果没有变化就会显得呆板木讷。

我们可以观察几个字。【图 7-25】如果将左右对称的字进行了一个左右的镜像翻转，就会发现其实左右空白面积是不一样的。比如说“田”字右大而左小，这又对应了汉字左密右疏的规律。

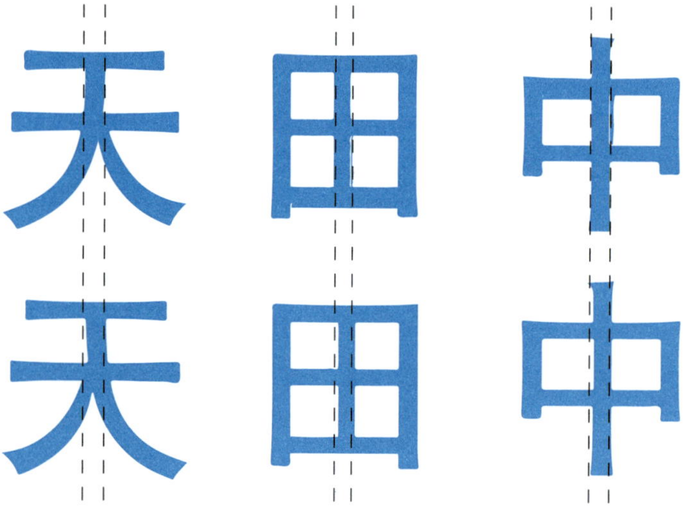

7-25

著名艺术史家沃尔夫林（Heinrich Wolfflin）有两篇文章都谈到左右不对称的问题，一篇叫《论绘画的左右不对称问题》，另一篇叫《将拉斐尔的画翻转过来之后产生的问题》，这两篇文章都讨论了艺术当中左右不对称的问题，将一幅绘画镜像翻转以后，原本平衡的构图就不平衡了。他将拉斐尔的《西斯廷圣母像》左右翻转，本来是非常稳定的三角形构图，翻转以后就显得不太稳定。由此，他意识到，人们欣赏艺术作品时，有从左往右、从上到下的观察习惯。这样的方式一旦固定下来，原先的构图翻转的话，审美天性就会让人感到不舒服。汉字也是一样的。汉字从图形演变而来，也有图形的视觉审美特征在里面。如果将空间特征翻转过来，把这种常态改变的话，就会发现其中微妙的变化，就会让人觉得很不舒服，失衡了。将空间进行分割的时候一定要注意这个问题，左边和右边是有所不同的，在统一当中要有所变化。

再比如说上下结构的“日”字，实际上是上面空间小，下面空间大。

最后是“偷笔”问题。笔画很粗的时候怎么处理内白，是很多设计师棘手的问题。如“粗體”二字，在同样大小的一个字框里面，要把“體”字这么多

图 7-25 即便是左右对称的字，一旦翻转也会感觉失衡，因为布白左右大小是不同的

2 邱振中．书法的形态与阐释 [M]．北京：中国人民大学出版社，2005。

的笔画放下，它的线条必须变细，当线条变细以后，这个字和“粗”看起来字重就不同了。怎么解决这个问题？“偷笔”就是一种解决方法。将外轮廓保持统一的粗细，内部的线条变细，甚至有些线条就悄悄地消失了，保持笔画在视觉上的粗细一致。【图7-26】这种将外部笔画保持原宽度，内部的次要笔画变细的办法，在书法中特别是在楷体的书写中也是一种常用的手法。

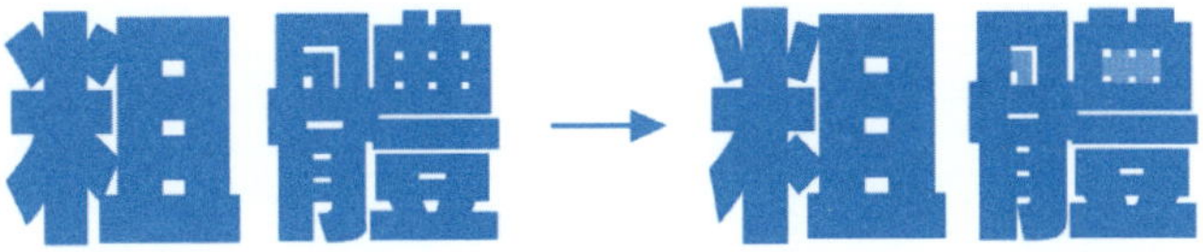

“粗”字的笔画比“體”字都粗起码一个字重，因此，这两个字看上去不是同一个字重？

“體”字的外围笔画保持了与“粗”字同等的粗度，只减细了内部的笔画，这使两个字保持了一致的字重

7-26

图7-26 图见齐立《雅黑设计浅析》

汉字设计的思考——从出版物标题字体设计出发

刘钊

刘钊

设计学博士，中央美术学院副教授。国际文字设计协会（ATypI）中国国家代表（Country Delegate）。“字道”系列字体学术活动总策划人。

文字是文化的视觉形式，它直接反映了该文化的特征和历史。汉字是中国文化的载体，而楷体是汉字字体设计的美学代表，楷体除了成为汉字字体设计规范性和结体的基础之外，是否还有被忽略的方面？本文试图从文字比例这一维度解读汉字设计。

一、楷体与汉字字体设计

汉朝末年，随着纸张逐渐成为主要的书写载体，毛笔也成为广泛使用的书写工具，楷体应运而生。成熟的楷体字形统一于正方，平直端正，受到广泛认可。加之书写工具和载体在很长一段时间里相对固定，文字的结构也没有发生根本性的变化，楷体将汉字字形基本固定下来。有文字学学者认为：“从楷书成熟到现在的一千多年中，再也没有产生新的字体。”[1] 因此可以说，楷体是文字学意义上的字体的终结。

汉字的规范和简化仿佛一个硬币的两面，在汉字发展史上相互作用，推动文字的发展。由于汉字是表意文字，在长期演变中一直具有结构复杂、异体字众多的特点，通过规范和简化，增强了汉字的适应性，使其使用至今。历史上，文字的标准化一直是历代统治者的愿望。秦始皇统一推行“书同文”这一极具象征性[2] 的政策来巩固政权；唐朝的建立则为重新解决文字的正字问题提供了政治基础，当时正字学专著《干禄字书》由颜真卿以楷书书写，从内容到形式都起到典范的作用；宋代科举考试和印刷业发达，从文献中可以发现，文字写法趋于严格化，既符合美学标准又便于阅读的书体可以同时体现艺术性和功能性，刻本中的文字基本为唐代名家楷体书风，至此，用于正文的楷体终于揭开了字体设计的序幕。

汉字的发展一直呈简化的趋势。历史上，汉字的简化是在正体字和俗体字相互作用下推动的，基本可以说是俗体字逐渐代替正体字的过程。1949 年后，国家开始针对当时文字使用混乱的情况多次推行正字和简化方案[3]——1955 年的《第一批异体字整理表》和 1956 年的《汉字简化方案》的先后发布是一个里程碑，对于汉字的规范、简化、普及起到了不可估量的作用。为了进一步规范印刷字形，1965 年 1 月，文化部、文字改革委员会联合发布《印刷通用汉字字形表》。表中规定了印刷通用字体（宋体）的标准字形，其规范原则为印刷宋体尽可能接近手写楷书。将印刷笔形与手写笔形进行统一是对汉字的进一步简化，这一原则对传承手写文化、减少误读、提高认知效率和国民文化素养等方面有很重要的意义。

---

1 王宁著《汉字学概要》，北京，北京师范大学出版社，2001 年，第 54 页。

2 海陵王完颜亮曾经赋诗一首：“万里车书一混同，江南岂有别疆封？提兵百万西湖侧，立马吴山第一峰。”表达自己攻打南宋，统一中国的决心。

3 民国时期也曾经有过简化字方案，收字 324 个，1936 年 2 月又通令收回。参见“中华民国”教育部《简体字表（第一批）》，“中华民国”二十四年八月（1935 年）。

此外不难发现，从唐代开始，汉字字体的审美标准就是基于楷书书法理论构建的，直到今天依然如此，而字体通常从结构和笔形两方面评判。在结构方面，比较唐代欧阳询《结体三十六法》、明代李淳《大字结构八十四法》和清代邵瑛著黄自元书的《间架结构摘要九十二法》三个时代的楷书构形理论可以看出，随着时间的推进，书法由一种文人的抒发方式逐渐变成易于被大众掌握的技能，而很多现代汉字结体理论就直接把邵瑛的理论“拿来”使用；在笔形方面，“永字八法”总结了楷体的笔形和笔顺，而今天的设计师积累了长年的设计经验后，会在永字八法的基础上形成自己的笔形设计包，于设计组字时随时置换使用。楷书理论对于设计师理解汉字结构和书写特点、审读汉字之美起到了托举作用，楷体无疑是汉字印刷字体的基础。

除了汉字结构和笔形特点之外，我想问一个问题：汉字是正方形的吗？为了解答这一问题，我分析了楷书四大家欧阳询、颜真卿、柳公权、赵孟頫的代表作。方法是勾勒作品中完整的字、找出字形比例，在排版软件（Indesign）中将字高与字宽相差 0.2 倍之内的文字约定于正方形，大于这个倍数的长方形字用方框标出。这个模糊测量主要考虑到鼠标的一些误差、文字印刷的误差、图片些许变形及裁剪的旋转角度误差等方面，调研目的是找出字形文字中扁字和长方形字在整个篇幅中的比例，试图从比例问题探究汉字书写的审美趣味，以及所映射的情感表达以及心理诉求。按照碑帖的时间顺序前后排列，依次为欧阳询《九成宫醴泉铭》、颜真卿《颜勤礼碑》、柳公权《玄秘塔碑》、赵孟頫《玄妙观重修三门记》和清代邵瑛著黄自元书《间架结构九十二法》。【图 8-1】

《九成宫醴泉铭》的分析数量占整篇作品的一半，据统计，长方字形占全部分析文字的 70% 左右。文字结构中宫收紧，有的文字横竖比例差异较大，加上笔画较细，整体视觉有瘦骨清风之感。欧体楷书在中国传统印刷书籍中地位很高，所以这个特点也许是特别值得注意的。《颜勤礼碑》我统计了 195 个字，其中长方字形字占 78% 左右。整篇文字比例非常明确，字形严整、浑厚、端庄，有张力，虽然瘦长比例比《九成宫更高》，但是横竖比差异较前者小、扁字与长方字形之间的差异相对而言较小，视觉感觉比较稳重、有力。对《玄秘塔碑》的分析数量为原帖字数的一半，长方字形占总统计数量的 64% 左右。长方形字和扁字长宽比例较之前的作品更接近。虽然笔画细而有力，有的出峰如刀锋一般，但是文字的长宽比例小，接近方形，较之前的显得平稳、中庸。统计了《玄妙观重修三门记》全文，扁字形占总文字的 63%，和之前三篇相比，这是唯一一篇明显偏扁的文字。整篇文字为行楷，书写速度明显快于前几个，因为字形的扁而加强了笔画的左右取势，显得飘逸洒脱，虽然有行书的一些笔法，但是扁的字却给人舒缓、敦实的感觉。《间架结构九十二法》，笔者统计了全文，长方形字占总文字的 71%。整篇文字明显是欧体书风，作为文字结体规律性的范例，带有一定的导向性。

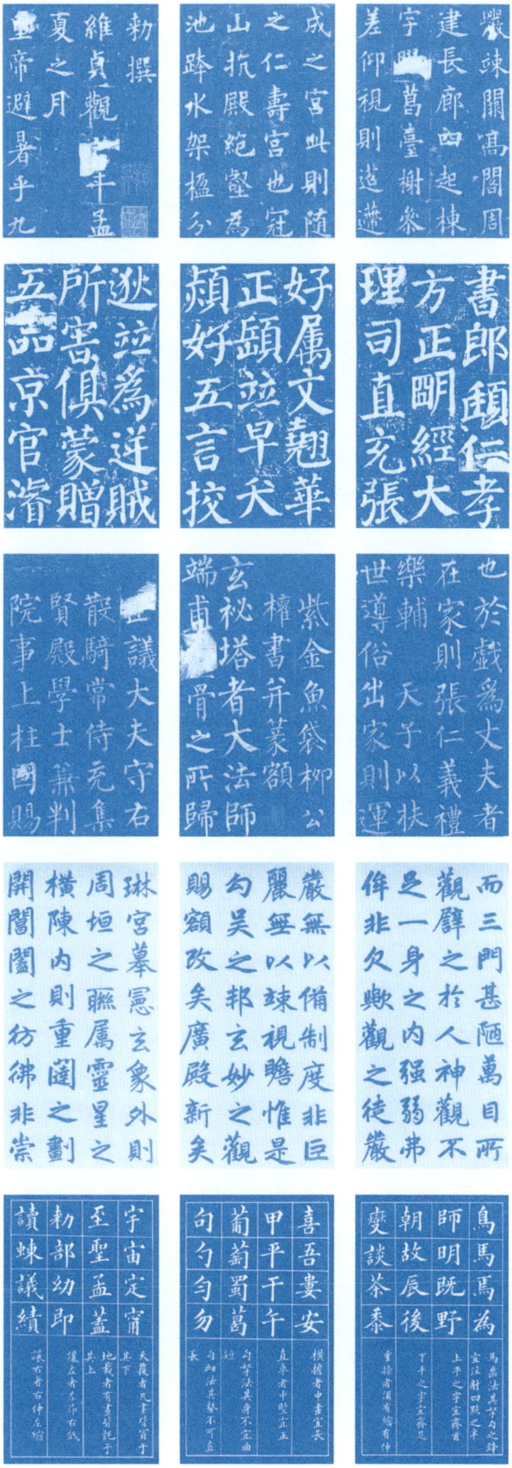

8-1

图 8-1
欧阳询《九成宫醴泉铭》局部
颜真卿《颜勤礼碑》局部
柳公权《玄秘塔碑》局部
赵孟頫《玄妙观重修三门记》局部
邵瑛著黄自元书《间架结构九十二法》局部

二、“回到未来”——正方形的汉字从何而来？

“回到未来”，即回到过去找出方法，用于未来的创新设计，这也许可以说是创造汉字新字体的最重要的方法之一。“回到未来”并非指回到传统的书法艺术，而是尊重并重视传统的书写，结合当下审美和客户需求进行的字体设计，它是主要基于阅读和传达识别性的设计，是工艺与艺术相结合的结果。我们不应该仅用艺术的标准，例如用书法的评判准则要求字体设计。但是书法特别是楷书，对汉字字体设计的审美起到至关重要的作用。

西方也有大量的历史研究型设计，在这里我举例艾尔维拉塔（Alverata）字体来说明。【图 8-2】该字体由荷兰著名的字体设计师杰拉德 · 昂格尔（Gerard Unger）先生于 2013 年设计完成，其灵感来源于公元 1000 至 1200 年的罗马字母。该字体在不规则系列（Alverata Irregular）中包含了像中文的异体字的不同写法，打破了拉丁字体设计的通常惯例：小写字形以曲线和圆形为主导，大写字形则以直线和角为主，颇具创新精神。再举一个例子，小林章（Akira Kobayashi）先生在设计新弗鲁迪格（Neue Frutiger）字

8-2

图 8-2 杰拉德 · 昂格尔设计的 Alverata 字体（图片来自 https://www.type-together.com/alverata-font）

体时，突破了原设计因为铅字字身大小对字体设计造成的局限，在该字体的 65 粗体（Neue Frutiger 65 Bold）再设计中，将字母 C 的宽度适当增加，让字母的内白增大，弧线更加舒展，阅读更清晰，在铅字印刷时代，受铅块大小的限制，这种改进是绝对不可能出现的。虽然已经有很多经典字体，但随着印刷技术的发展不断出现新的问题，这就是我们仍然需要不断改进甚至设计新字体的原因。

那么汉字正方形的设计是如何而来的呢？活版印刷发明后，文字开始被局限于某一特定尺寸下雕刻，这也许就是文字规范的技术性要求的开始。但是很长一段时间以来，雕版印刷始终与活版印刷并存，直到现代活版印刷技术传入中国后，活版印刷才开始居于主导地位。汉字的方块化、规范化是印刷技术要求下的标准，这个从活版印刷的书籍中可以感受到，但是从内府《古今图书集成》中的铜活字字形到《武英殿聚珍版程式》中的木活字字形，没有证据表明当时的活版印刷有统一的、规范的字号标准。

文字的字身被固定为某一个特定尺寸的正方形并普遍用于正文，据朱宇女士、邢立先生在《马礼逊〈中文会话及例句〉的出版物特征及影响》一文中分析是始于英国传教士马礼逊（Robert Morrison）。马礼逊编辑出版的《华英字典》，即是中国历史上第一部英汉对照字典，从印刷技术方面考量，它应该也是我国第一部用西方印刷技术完成中英文双语排版的书。文中提道："西方人士曾经进行过各种尝试，最终这本书采用了以西式铸铅字的方法铸造铅空，铸造出与英文规格相匹配的铅字铅坯，然后在铅坯上雕刻中文，这样把中文当作类似英文'M'字母来排版，以西式铅活字技术实现了中英文混排，此方式实际是中文铅字使用西方标准的开端。"[4]【图 8-3】

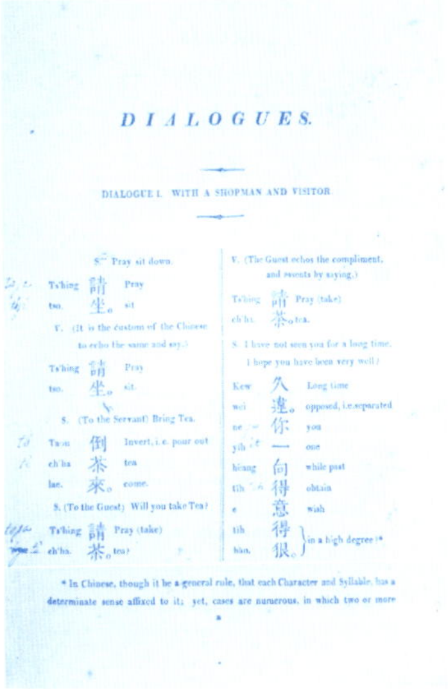
DIALOGUES.

DIALOGUE I. WITH A SHOPMAN AND VISITOR.

S. Pray sit down.

Ts'hing 請 Pray
tso. 坐。 sit.

V. (It is the custom of the Chinese to echo the same and say.)

Ts'hing 請 Pray
tso. 坐。 sit.

S. (To the Servant) Bring Tea.

Taou 倒 Invert, i.e. pour out
ch'ha 茶 tea
lae. 來。 come.

S. (To the Guest) Will you take Tea?

Ts'hing 請 Pray (take)
ch'ha. 茶。 tea?

V. (The Guest echos the compliment, and assents by saying.)

Ts'hing 請 Pray (take)
ch'ha. 茶。 tea.

S. I have not seen you for a long time. I hope you have been very well!

Kew 久 Long time
wei 違。 opposed, i.e. separated
ne 你 you
yih 一 one
heang 向 while past
tih 得 obtain
e 意 wish
tih 得 } in a high degree!*
han. 狠。

* In Chinese, though it be a general rule, that each Character and Syllable, has a determinate sense affixed to it; yet, cases are numerous, in which two or more

8-3

图 8-3　罗伯特·马礼逊《中文会话及例句》(Dialogues and detached Sentences in the Chinese Language)，邢立收藏

4　摘自《第九届中国印刷史学术研讨会论文集》，第 391 页，2016 年。

适用于英文文字规格的铅字铅坯被应用于汉字后，这种正方形的文字比例一直影响至今两百多年，印刷技术已经进入数字时代，对于汉字印刷字体来说，将单个汉字固定于一个正方形里，已经是一个约定俗成的美学规范，但是就出版物标题字来说，是否可以从文字比例上来考量呢？

三、民国时期字体设计对标题字设计的启发

说到出版物标题字，笔者的调研主要集中于杂志、书籍和字体样本，并没有涉猎报纸，主要原因是报纸是实效性的出版物，要求在最短时间内呈现，内容类型化，很多标题字不会专门设计，所以标题字主要使用正方形的黑体、宋体，若版面空间局促，也会使用长方形的字体，这更多是出于功能性的考虑。而其他性质的出版物，给予设计的空间和可能性要大得多，所以在这里，我说的出版物主要针对书籍和杂志。

民国是一个铅字印刷与手写创作相结合的时代，在字体设计特别是美术字设计中大量保存了中国文字的审美趣味并进行了创新。在民国时期，很多标题字因为尺寸较大或者追求特殊风格，多采用手绘书写或单独设计，标题字和正文字产生了有趣的对比。这个时期标题字不同于早期以书法为主，多数开始了现代字体设计。民国美术字的设计对汉字标题字设计有极大的启发，通过以下范例说明当时文字比例在设计中的突出特点。

我大致选择了三个类别的标题字体，即杂志（《东方杂志》）标题字、美术字书籍封面字体和电影标题字。《东方杂志》是中国近代史上影响最大的综合类杂志之一，其标题字体的使用颇有政治意味[5]，分析《东方杂志》能比较准确地把握文字的风格走向。美术字书籍的封面用字极为讲究，民国时期出现了大量的美术字相关书籍，这也是分析标题字的珍贵一手资料。电影代表了流行文化，所以电影的标题字设计也能反应当时时尚。

《东方杂志》在很多期的封面上使用的是书法字形，仅有少数是现代字形，我收藏的这两本都是宋体，一本出版于 1929 年【图 8-4】，一本出版于 1933 年【图 8-5】，能明显看出早期的这一本手写的随意性较大，字形的比例还不甚统一，蕴含一些书法中自由比例的设计，颇有古韵。后面这一本就规整了很多，横竖比例加大，更加修长，现代了很多。而商务印书馆的《国际政治经济一览》【图 8-6】，用的是瘦长的仿宋，不同于《武英殿聚珍版程式》将瘦长的字体用于注解，而是直接将其用于标题字。瘦长的字形用于封面标题，在当时是颇为流行的一种设计。由于照相排版在民国时期已经在日本出现，所以我们也可以猜测，民国的一些字体已经可以通过照相排版进行字形的变化。但从标题字设计来说，文字量不大，加之手写非正方形的字可以人为调节文字

5 摘自周博著《字体家国——汉文正楷与现代中文字体设计中的民族国家意识》，《美术研究》，2013 年 1 期。

8-4

8-5

8-6

图 8-4《东方杂志》，1929 年出版
图 8-5《东方杂志》，1933 年出版
图 8-6《国际政治经济一览》，1934—1935 年（刘钊收藏）

字腔的空白，让文字内外空间更加均匀，没有直接变形那么死板，所以笔者推测当时的标题字除了选用现成的非正方字形，可能以手写为主。

下面列举的美术字书【图 8-7】时间从 1933 年横跨至 1947 年，可以看出，除了《彩色美术字——匾额篇》和《美术字正气歌》标题字是扁形的，其余都呈现出瘦高的形态，而有趣的是匾额通常要适合远看，应为浑厚的笔画，而“正气歌”的内容是反战的，两者都是需要表现力量的题材，不约而同地使用了扁体。

对文字比例的敏感同样体现在当时的流行文化——电影片头上。【图 8-8】通过图例我们发现，不少电影的片头字体在设计中用了瘦长的比例。当时电影大多产生于上海，文字的造型体现出当时字体设计的高水准，笔形丰富、多样，根据题材不同而进行差别设计。有的电影的背景在二战前夕或者战争期间，所以笔形相应地做了夸张的、甚至尖锐化的处理；有的使用点线面代替传

8-7

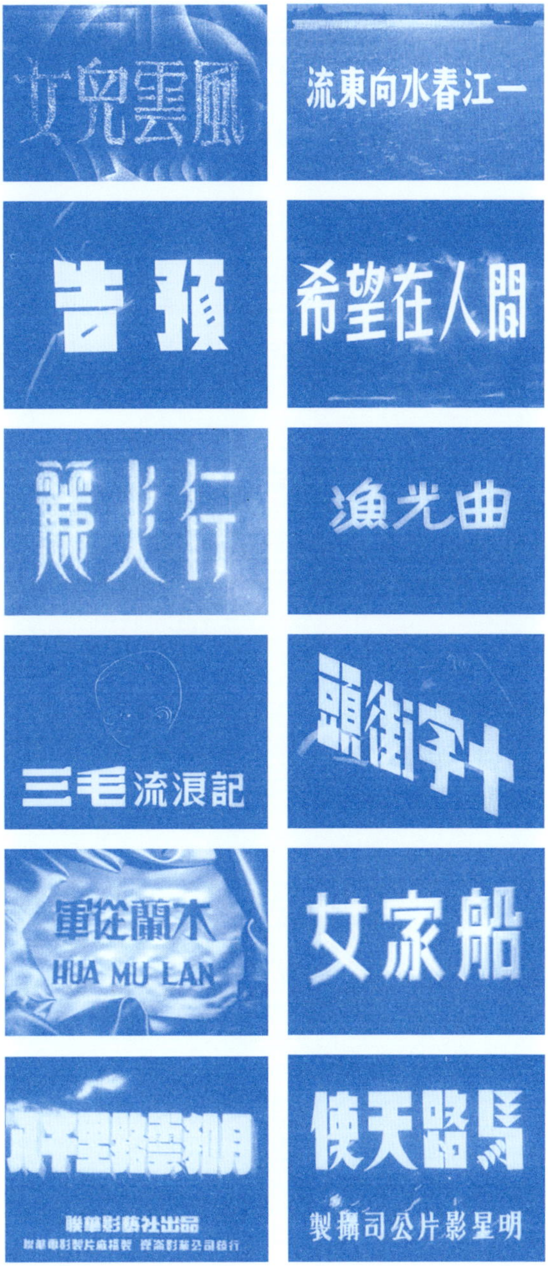

8-8

图 8-7 1933 年至 1947 年出版的美术字书（周博收藏）
图 8-8 20 世纪 30—40 年代的电影片头字体设计（素材提供：蒋华）

统的笔形，显得铿锵有力。然而，透过各异的比例关系和细节设计，我们依旧能体会到上海文字设计清秀、时尚的气质。

民国时期的字形美学延伸到 20 世纪 80 年代，对于字形比例的重视，在书中能明显看出。在一本字体样本中，以瘦高字形为范例讲解美术字，作者特别说明这样的比例是当时最流行的。在 1951 年的《美术字帖》中【图 8-9】，通篇列举了 68 个范例，其中只有一例是在正方形网格下设计的，长体有 39 例，接近 60%，其余为扁字。在图例中，笔者也发现了近似黄金分割的比例关系，这是来自西方的美学概念。宋石的《美术字讲话》(1959 年）一书中，第 29 到 32 页讲到美术字创作范例，就是以长体为网格。在提到设计的网格时，作者比较了正方形、长方形和扁方形三种字形后认为长方形最美，一则因为汉字横画多于竖画，长方形便于安排笔画；二则从人体自身的比例来看，修长的体型更美；第三，通常汉字下半部分都是舒展的，下半部分大于上半部分，也像人的腿长于上半身一般[6]。

这种瘦长比例为主的标题字设计在现代活版印刷时代产生了什么影响？下面以铅字样本的封面用字来分析。【图 8-10】选择字体样本的原因是这些封面标题字极具代表性且书写质量高，正如之前选择美术字书籍封面一般，这些书籍在使用标题字时非常考究。从图例中我们可以发现，20 世纪 60 年代到 80 年代，字体样本标题字大多以长体为主。在如此长时间跨度下，样本中只有四本是正方形字体，其中两本与外文字体相关，其中一本是 1968 年《宋体锌活字样本（特大号）》，是一个比较特别的现象。之前出现的书籍标题字中宋体大多不是正方形的，这个特点在民国时期比较明显。而 1968 年的这个宋体样本说明中解释，该文字主要来自《人民日报》和《解放军报》，所以它是报纸标题字。

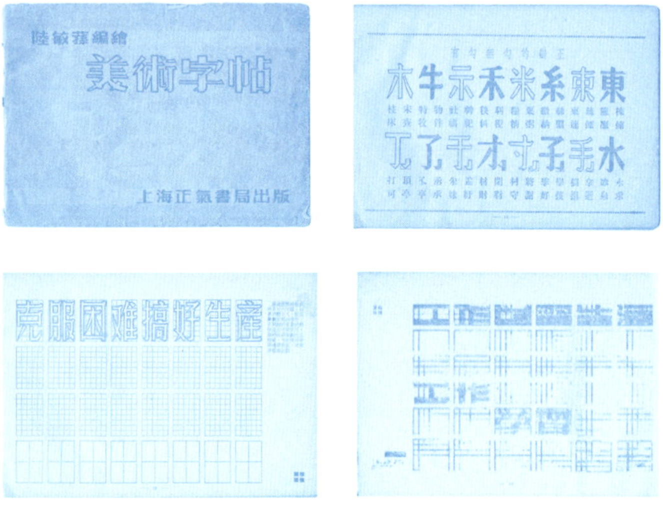

8-9

图 8-9 1951 年出版的《美术字帖》及其中收录的部分范例

图 8-10 20 世纪 30 年代至 80 年代的签字样本封面（邢立收藏）

6 摘自宋石著《美术字讲话》，上海，教育书店，第 16 页，1951 年。

中西鉛字樣本
Specimen
Of
Chinese and Foreign
TYPES
北平京華印書局
The Commercial Press, Ltd.
PEIPING BRANCH WORKS
1931
大公報社印刷厂
各种
鉛字 花边 花条 花針
样本
1958年
怎样画版样
北京新华字模厂
汉文字模字体
样本
各种中西文字样本
农业出版社印刷厂
一九六一年
宋体锌版活字样本
（特大号）
北京新华字模厂
革命委员会
中外文字体样本
SPECIMENS OF PRINTING TYPES
一九六五年
字体样本
1970
字体 花边 符号
样本
江西新华印刷厂
PINYIN ZIMU MEISHU ZITI DE CHANGSHI HE FANLI
拼音字母美术字体的
常识和范例
样本
YANG BEN
字体·花边
符号·外文
ZHITU ZITI
制图字体
字样花边

8-10

很多材料显示，以前的设计师在处理标题和正文关系的时候，往往喜欢选择不同比例的标题字和正文字，进行差异化使用，将长方字形用于标题。【图 8-11】有时候标题和正文不是同一种字体，有时候是同类字体的正方形和长形，类似现在家族字体的使用，用这种方式突出主次信息。中国现代的家族字体很少出现长体。综合以上，可以说民国美术字的创作风格影响到了以后直至80 年代的汉字美术字甚至标题设计。

8-11

图 8-11 部分美术字设计样本（邢立收藏）

图 8-12 北京路边的标语，刘钊摄于 2017 年

图 8-13 1965 年，某地农民代表大会

图 8-14 目前市面常见的一些时尚杂志封面

四、中国现代汉字字体设计的比例问题

手写文化的没落对汉字审美影响巨大。电脑与网络使得人人都是设计师，对汉字字体的集体无意识变得愈加明显。下面举两个例子说明，图 8-12 是笔者于 2017 年 1 月 15 日在路边拍的，这样的标语经常在北京街头见到，这个字形是用电脑软件变形而来的，虽然呈现出长方形的比例，但是美感受到影响。另外两张图片拍摄于 1965 年 12 月 7 日【图 8-13】，从字形比例的处理来分析，书写者很好地处理了文字比例关系，尤其是由比例变化带来的笔画的相应变化和统一，书写者针对不同文字还用了弹性的字间距处理方式，显得非常灵活。数字时代，文字设计并没有比过去进步。

让我们再以时尚杂志和两本知名的生活类杂志为例说明标题字的现状。图中六本为时尚杂志【图 8-14】，其中除了《世界时装之苑》是书法字体之外，其余五种均是现代字体。这五本杂志中，只有《男人装》是针对男性读者的杂志，虽然标题字是长体，但是风格来自综艺体，瘦长的感觉并不明显，有一种厚重、敦实的感觉。另外四种针对女性读者的杂志，字形都呈瘦长形。仅

培育和践行社会主义核心价值观

8-12

次貧下中农代表大会

8-13

瑞丽
服饰美容
SUCCESS
男人装
FOR HIM MAGAZINE
时尚
芭莎
HOBBY in FASHION
天生购物狂
只因太爱美
服饰
VOGUE
美容
KARL LAGERFELD
镜头下的周迅
优雅穿越
ELLE
GIRL POWER
女主时代

8-14

从字形上分析，《时尚芭莎》和《服饰美容》沿袭了他们原版的拉丁字体的风格，但是字体比例和笔画粗细的细节设计还是欠缺。《时尚》比较温婉，笔画圆润，横竖比例差异较小，而《瑞丽》更加修长，但是因为笔画较粗，精致性和女性气质稍弱。下图中【图 8-15】，《中国国家地理》的标题文字呈瘦长形，但是比例关系变化很小，结构与笔形也中规中矩，缺乏有效的识别性，显得平淡不惊。《三联生活周刊》的标题字使用了三种比例、两种字形的组合，有一点过犹不及之感，并没有很好地体现杂志的文艺风格。可以说，文字的比例需要结合具体的设计理念和有效的编排设计来考量，暴力变形或仅有比例变化的字体设计不能称之为好的设计。

8-15

图 8-15《中国国家地理》及《三联生活周刊》杂志封面

右页的这一组海报由笔者拍摄于北京 798 艺术区的尤伦斯当代艺术中心【图 8-16】，它的墙面上挂满了各种文化类、艺术类的活动海报。从图形、图片的视觉来看，每一张海报都很有个性，有的甚至极具冲击力。但是观察他们使用的标题字，我发现在二十二张海报中，只有六张不是用黑体（包括一张用无饰线拉丁字体）作为标题字【图 8-17】，而这六张海报中只有两张现代字体和一个书法字形显现出了对字形的比例的关注，严格意义上说，只有两张海报是设计师刻意选用或者设计了标题字。尤伦斯当代艺术中心的这面海报墙非常有代表性，体现出当今平面设计师缺乏字体设计的敏锐性，更不要说推敲字形比例等细节问题了。

结语

随着全球经济一体化，国际文化交流日益频繁，跨地区、跨国合作已是常态。如此是否会导致字体设计失去地域性？笔者认为恰恰相反，正是由于这样的文化交流契机，不同的文化越来越被了解、被尊重、被细化。现代中国印刷字体设计是汉字的审美与西方现代印刷术及西方现代数字技术相互作用的结果，技术是制约审美的一个因素，同时也创造出了一种审美。从某种意义上说，汉字的正方形设计即是技术审美下的产物，已成为汉字印刷字体约定俗成的美学规范之一，但是对于标题字设计，我们也许可以有更多考量的方面，比如文字的比例。当技术进步了，原有的技术壁垒被打破，我们应该更加开放地看待我们的字体设计，打破惯性思维，从历史中找寻我们的文化根源。希望中国的标题字设计可以在不久的将来成为中国另一道人文风景。

（特别感谢邢立先生以及中央美术学院周博老师、蒋华老师对本研究的支持和帮助。）

8-16

8-17

图 8-16 2017 年 1 月，刘钊拍摄于尤伦斯当代艺术中心

图 8-17 没有使用黑体字作为标题字的部分海报

空间场境与文字设计：一种语用学的研究视角

易祖强

易祖强

设计学博士，北京电影学院美术学院讲师，主要从事视觉文化与批评性设计方面的研究。

基于对消费社会勃兴背景下日常生活走向一种“抽象的匀质”[1]的总体理解，一旦将与民族、地域相关的诸多考量纳入当代文论视野，原本文字研究话语中那些汉字的形式美学就将成为一套符号质料进入“生产 / 消费”的现实逻辑之中。这显然与当下中国文字设计研究，尤其是汉字设计研究中强调文化自觉的赋形论有所区别，但这种观察视角和讨论方式作为一种补充显然是必要的。

从以往来看，中国的文字设计研究较多关注精英文化与风格趣味之间的关系，这往往与研究者不同程度受欧洲现代主义设计里“英雄史观”(heroic history)的影响密不可分[2]。毕竟历史叙事、理论阐释多少受时代语境遗存的制约，进而又会间接影响设计创作。区别于语构学（syntactics）的视角，本文借助语用学（pragmatics）[3]，聚焦今日生活世界关切的“空间与符号”议题，结合来自北京日常公共空间中的文字设计，尤其是涉及汉字设计的样本展开相关解读，探讨文字设计在生活世界里符号实践与使用语境之间的一种建构关系，特别强调生活“场境”(place)对文字设计的驯化(domenstication)[4]作用。

当代的文字设计理论与语用学的研究视角

在文字设计的研究领域，符号学作为一条切入路径历来为学界所重视。皮尔斯（C.S.Peirce）在逻辑学研究基础上提出了“广义符号学”的概念，莫里斯（Charles William Morris）进一步从行为科学角度划出三个学科分支：“语构学，研究符号之间的结构形式关系；语义学（semantics），研究符号与其指涉对象的关系；语用学，研究符号与其环境和解释者的关系。”这些都成为后来设计符号学的理论基础。[5]【图 9-1】正如产品设计的研究辖有产品语构学、产品语义学和产品语用学三类下位理论。文字作为天然符号，其研究也顺理成章地借用了大量符号学的思路方法，其中语用学的研究尤其关

1 参见［美］戴维·哈维：《后现代的状况：对文化变迁之缘起的探究》，阎嘉译，北京：商务印书馆，2003 年，第 356-385 页。

2 参见 Robin Kinross: Modern typography: an essay in critical history, London: Hyphen press, 2010, p. 103-105. 及［英］佩夫斯纳：《现代设计的先驱者——从威廉·莫里斯到格罗皮乌斯》，王申祜等译，北京：中国建筑工业出版社，2004 年，第 1-18 页；［美］戴维·哈维：《后现代的状况：对文化变迁之缘起的探究》，阎嘉译，北京：商务印书馆，2003 年，第 28-29 页以及第 33-34 页。

3 参见何自然，吴亚欣：《语用学概略》，载《外语研究》2001 年第 4 期，第 10-16 页。

4 驯化一词来自技术史领域，后被引入到设计研究中，指设计师通过对技术的转变性应用，使其成为设计的重要灵感来源和执行手段，比如我们挪用基因技术来做花卉设计。参见 James Auger, Why Robot? Speculative Design, Domestication of Technology and the Considered Future, London: RCA, 2012, p. 178-180.

5 参见徐恒醇：《设计符号学》，北京：清华大学出版社，2008 年，第 7-15 页。

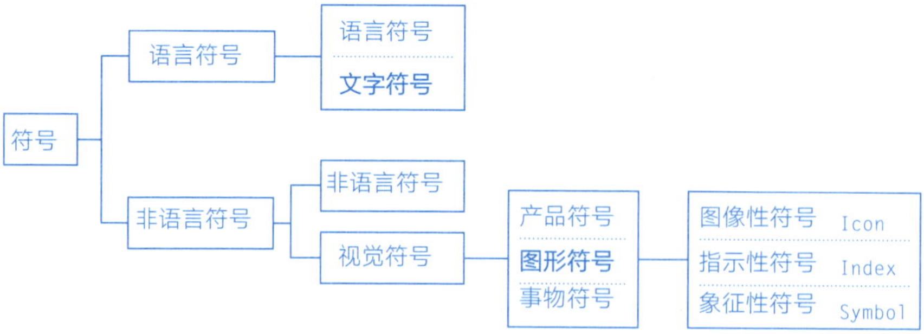

9-1

9-2

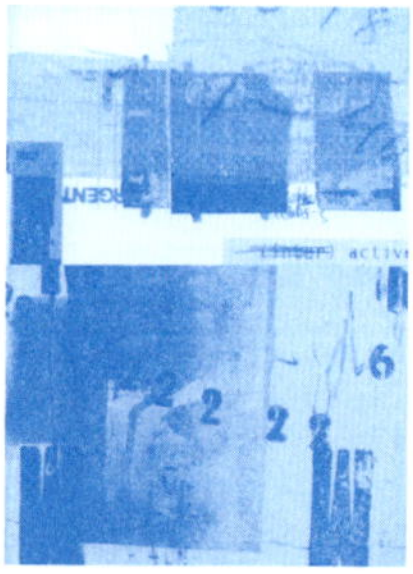
9-3

图 9-1 设计符号学视角下的符号下位分类。参见卢景同主编:《形式语言及设计符号学》，北京：机械工业出版社，2011 年，第 84 页

图 9-2 布罗迪的文字设计。[英] 布莱克威尔:《西方字体设计一百年》，许捷译，上海：上海人民美术出版社，2005 年，第 142 页

图 9-3 卡森的文字设计作品。[英] 布莱威尔编著:《印刷的终结：戴维 · 卡森的自由版式设计》，张翎译，北京：中国纺织出版社，2004 年，第 28 页

注通过设计符号诠释者（使用者）的行为来观察符号的产生、应用与效果。[6] 而这些行为又需要与社会阶层、文化类型、交往方式、空间场境等具体因素结合起来考察。

文字符号属于审美与意义的世界，也属于生活世界，这是两个不同又紧密相关的维度。如果我们只从个人创作观出发，把应用环境和使用群体构成的现实生态简单看作静态容器和受施客体，那么文字符号与社会生活的活泼联动关系将被割裂（常见结果就是字符产品在设计生产与使用消费两端产生错位现象）。而之所以提倡关注语用学视角，就是为了区别于样式风格、识读质量的作者式研究取向，从文字符号解释者、使用者的相关行为和具体语境中来观察阐释。这首先是基于对包括文字设计在内的当代设计理论有所变化的现状。正如内维尔 · 布罗迪（Neville Brody）【图 9-2】、戴维 · 卡森（David Carson）【图 9-3】那些感性又浑杂的作品所体现的：折中主义、复古主义和民族地方文化结合，类似当代艺术里挪用拼贴的手法成为后现代主义时期文字设计的重要创作形式，其本质被视为设计领域对消费文化产生转向的一种反

6 徐恒醇:《设计符号学》，北京：清华大学出版社，2008 年，第 53-54 页。

应：以“有计划地废止制度”为标志的“后福特”(Post-Fordism)以来，设计理论与实践由以往具有集体意识的生产端驱动开始转向更加多元的消费端驱动[7]，它深刻地推动了我们的研究视角——从欧洲现代主义为代表的精英主义创作决定论开始转向后现代主义的生活场境决定论。

如果我们将与后工业世界有着千丝万缕联系的后现代主义概括地视为一种抛弃了精英理想的多元论（表现为去中心化的扁平世界里并存共生的多元生活方式和松散语言游戏）[8]，将有助于理解这样一种现象：无论现代主义的设计当初有多前卫反叛，李西斯基（El Lissitzky）、杜斯伯格（Theo van Doesburg）和拜耶（Herbert Bayer）们如今看来不但不再“怪异”和“令人抗拒”【图 9-4】，他们的作品甚至已经被奉为大众文化经典而被不断复刻翻新，和波普、哥特、朋克这类通俗文化、青年亚文化的符号集群一道混编进了街边样式消费的橱窗中。【图 9-5】可见当初的现代主义设计如今已经样式化，并被时代车轮拉进了今日消费文化语境中。在后现代主义的理论框架

9-4

9-5

图 9-4 杜斯伯格“风格派”的字体设计。[英] 布莱克威尔：《西方字体设计一百年》，许捷译，上海：上海人民美术出版社，2005 年，第 37 页

图 9-5 薇薇安韦斯特伍德（Vivienne Westwood）品牌形象系统中的哥特风格字体设计。图片来自其官网 http://www.viviennewestwood.com/en-gb

7 参见 [德] 彼得·科斯洛夫斯基：《后现代文化：技术发展的社会文化后果》，毛怡红译，北京：中央编译出版社，2011 年，第 110-113 页。

8 参见 [美] 戴维·哈维：《后现代的状况：对文化变迁之缘起的探究》，阎嘉译，北京：商务印书馆，2003 年，第 14-15 页。

9-6

内，包括瑞士国际主义（international style）在内的各种文字设计派别团体、风格潮流都无可避免地被“文化工业”（culture industry）所统摄。【图 9-6】今日文字设计更多作为一种符号产品，它的生产活动与所有被贴上故事标签待价而沽的建筑、家具一样越来越远离当初的前卫传统。

随着城市生活的“景观化”[9]进程，境遇式的生活场境与文字符号实践相互依存的关系日益强化。与现代主义的普世理想明显不同，设计师在创作过程中把日常生活里的细碎意识（或潜意识）混编进他们切身所处的当代文化经验里，通过设计观念的客体化过程“使那破碎的生活片段成为后现代文化的基本材料”[10]，被输入日常生活（尤其是“符号物”[11]的消费场域）。从这个角度来看，所谓文字设计的语用学就是一种关注具体情境中符号消费行为的特定话语，一种关注消费者（使用者）如何在具体语境中理解、选择和使用，关注符号与情境之间互动关系的理论。这也正是本文提倡语用学视角的初衷所在。往更大了看，只有积极关注这一视角才可能形成多个理论维度的对话机制，更好地帮助理解精英文化与大众品味、美学理想与市场现实之间的张力问题。

9 参见［法］居伊·德波：《景观社会》，王昭凤译，南京：南京大学出版社，2007 年，第 20-21 页。

10 ［美］詹明信：《晚期资本主义的文化逻辑：詹明信批评理论文选》，张旭东编，陈清侨等译，北京：三联书店，1997 年，第 425 页。

11 关于“物品——符号”的解释参见［英］约翰·沃克，朱迪·阿特菲尔德：《设计史与设计的历史》，南京：江苏美术出版社，2008 年，第 52 页；及 Jean Baudrillard, For a Critique of the Political Economy of the Sign, trans. Charles Levin, St Louis: Telos Press, 1981, p. 124.

12 参见周泽之：《唯心·客观·辩证三位一体——黑格尔英雄史观解析》，载《深圳大学学报》（人文社会科学版）2005 年第 1 期，第 60-65 页；以及袁守云：《“英雄史观”在现代设计中的书写与实践》，载《文艺争鸣》2017 年第 3 期，第 190-193 页。

图 9-6 北京“朝阳大悦城”内“水货”餐厅空间中各类文字拼贴成的“拼盘”效果

“文字 / 空间”：一种建构——结构主义模型的阐释逻辑

与黑格尔的主观辩证法[12]相对，马克思认为“主体与对象、精神与自然是对等的或者相互异化”[13]，也就是说，不存在谁是绝对的主动施为者谁是绝对的被动受施者，本质都是互为受施者的关系。进而布尔迪厄（Pierre Bourdieu）那种试图打破传统主客二元对立模式的“建构的结构主义”思路带给我们的启发是：思想行动与社会结构同时具有主观和客观性质，且呈现为一种具有构建作用的动力学机制。[14] 这里的结构是指那种依赖具体而存在的总体，也就是说，这样一种运动着的总体性总在现实空间情境里发挥作用。无论是文字设计还是社会关系，任何一种要素的价值事实上由它和情境中的另一要素之间的关系所决定。[15]

符号有语言和非语言两种类型，涉及视、听、触、嗅等全部感官渠道[16]，其中文字符号的独特性就在于它虽是声响语言储存传播的媒介，字符承载意义、传递信息的功能若要得以实现，前提在于外化的视觉形象出场，即“观看先于语言”[17]，看后而读，因此它是一种横跨“视—读”的复合型符号。【图 9-7】这种广义的认知与“语音中心主义”的狭义文字定义范畴存在区别。[18] 进一步推认，文字设计有两个基本的观念外化向度：一是语言工具，即追求文字形式作为意义介质的“透明性”，追求“易读性”（legibility）和“可读性”（readability）的最大值，在外化形态上则表现为中立性、工具尺度上的适用性和人文价值上的普世性等特点；二是图式表现，基于形式知觉的“格式塔”

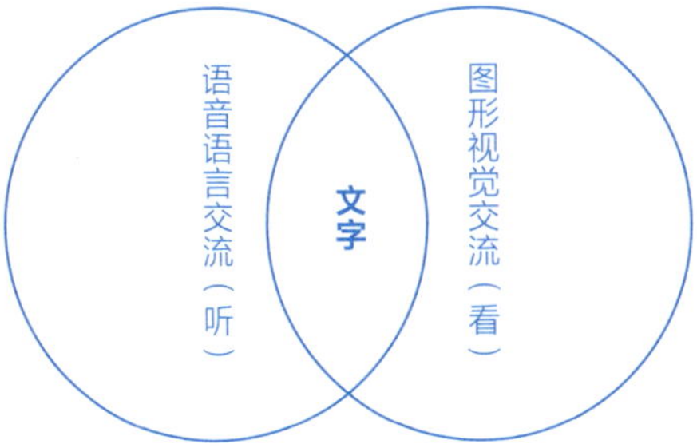

9-7

13 ［德］黑格尔：《精神现象学》（上卷），贺麟译，上海：上海人民出版社，2013 年，第 32 页。
14 参见高宣扬：《布迪厄的社会理论》，上海：同济大学出版社，2004 年，第 9 页。
15 参见［英］特伦斯·霍克斯：《结构主义和符号学》，瞿铁鹏译，上海：上海译文出版社，1987 年，第 7-9 页。
16 参见卢景同编：《形式语言及设计符号学》，北京：机械工业出版社，2011 年，第 84 页。
17 ［英］约翰·伯格：《观看之道》，戴行钺译，桂林：广西师范大学出版社，2007 年，第 1 页。
18 参见［瑞士］费尔南迪·德·索绪尔：《普通语言学教程》，北京：中国社会科学出版社，2009 年，第 28-31 页。

图 9-7 文字符号复合性的图释

(gestalt)[19]效应，追求字符作为某种图形样式带来的“言”外之义，在外化的形式上追求趣味性、特异性、复调性等审美价值。[20]

与物理学里那种凝固不变的虚空容器或几何学里绝对客观的数理框架[21]不同，人文地理学意义中的城市空间是“现代空间”[22]的具体化，它与人的生存方式、社会结构、思想观念等息息相关，空间首先是“人——空间”。我们的日常空间可以归纳为两种类型：区隔与连接[23]，它们又组合成最基本的空间结构形式。区隔在社会关系层面上体现出个体或群体的身份类别化，它有一个排斥“他者”的（有形或无形的）边界，往往与性别、职业、阶层等因素相关，比如教室、酒吧、军营等；连接则体现出一种在两个区隔间移动联通所具有的去身份倾向，具体可表现为索道、地铁、航线等形式。【图 9-8】小到私人住宅，大到整个城市，“区隔——连接——区隔”的模型可以用来表述各种现实里的对应空间，但具体化离不开人的社会活动，或者说决定空间类型的是身处其中展开具体行动的人群属性。吉登斯（Anthony Giddens）认为，空间最好被理解为一种互动的情境（setting of interaction），所以他更倾向于用“场境”（place）一词指代具有互动情境的空间，即在某个空间中，行动者不仅通过行为显示其身份存在，与别人建立联系，也通过行为解释空间情境。[24]比如城市广场这样的公共空间同时兼具区隔与连接的属性，平时它更

9-8

19 参见王鹏，潘光花，高峰强：《经验的完形——格式塔心理学》，济南：山东教育出版社，2008 年，第 1 页至第 4 页。
20 参见易祖强：《刍议当代公共空间中的文字设计》，载《大众文艺》2015 年第 3 期，第 97 页。
21 参见［美］欧内斯特·内格尔：《科学的结构：科学说明的逻辑问题》，徐向东译，上海：上海译文出版社，2002 年，第 245 页和第 254 页。
22 参见童强：《空间哲学》，北京：北京大学出版社，2011 年，第 201-202 页。
23 童强：《空间哲学》，北京：北京大学出版社，2011 年，第 148 页。
24 参见［美］乔纳森·特纳：《社会学理论的结构》（下），邱泽奇等译，北京：华夏出版社，2001 年，第 179 页。

图 9-8 空间抽象基本结构的图释
参见童强：《空间哲学》，北京：北京大学出版社，2011 年，第 148 页

多只是作为一个临时通道，这是由作为“移动单子”的人群属性决定的；一旦到了节庆假日，是庆祝集会还是跳蚤市场，同样由人群属性来决定——当然，任何一个具体的现实空间都包含了区隔与连接的系统集合，就像商场内的扶梯走道和作为身份区隔的品牌商铺交叠丛生那样。

于是，公共空间与文字设计间就有了一种“建构—结构”的解释路径。这种基于文字设计和空间场境的向度类比方法能较好地解决我们现在常说的那种能指所指（significant-signifie）漂移而导致的阐释困难。比如北京地铁 10 号线导视系统与年轻人钟爱的日本家居品牌“无印良品”专卖店的视觉形象系统，使用的同为大“中宫”、去“墨斗”样式的黑体字，以及层次清晰、简洁大方的编排风格，但受众的解读却截然相反：地铁空间的文字设计冷漠高效，而“无印良品”专卖店里的则显得清新自然。这是因为各自所处的空间场境使得两者分列在文字设计的语言工具向度与图形表现向度两边。地铁 10 号线的黑体字设计方式最大限度地突出音响语义（时空的人工刻度），对应了强调精准高效的网格化地铁的空间要求——让去身份化的人成为“抽象单子”式移动的工具；而“无印良品”专卖店则因为强化了城市白领中某类趣味族群的身份特征，广告、包装中的黑体字设计被理解为一种纯净简单、轻松平淡的日式格调。【图 9-9】这其中的奥妙就在于空间语境的决定性作用。如果说以往的文字设计研究更多地从作者视角来考虑如何打造字符

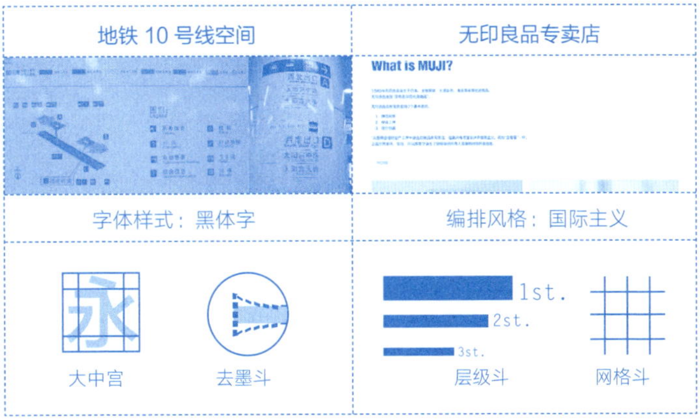

9-9

图 9-9 北京地铁 10 号线导视系统与“无印良品”品牌形象系统中文字设计的对比分析
“无印良品”文字设计的图片来自其中国地区官网 http://www.muji.com/cn/about/

设计与编排的样式以塑形空间，那么如今空间场境对文字设计反向效力的理解则开始越来越重要，这背后是消费使用环节的崛起，是现代主义设计观向后现代主义设计观转型的表现。它作为一种视角补充，不但是当代文字设计批评理论体系的需要，也会通过理论与实践的对话机制影响到文字设计创作。

来自北京公共空间的样本分析

城市公共空间是“现代性”体现的重要场域，其结构内涵很大程度上依靠符号与空间的相互建构来开展。这种变化最早来自大众媒体兴盛下消费社会的景观化，空间生产前所未有地与符号实践协同起来。空间场境化的提法与居伊·德波（Guy Debord）的“景观社会”（society of spectacle）概念很有关系，在他看来，我们的生活世界都已经通过视觉机器被编码成视觉符号。[25] 这编织出了“空间——符号互动论”[9] 的时代背景。

一个典型案例样本来自北京四元桥家乐福超市。该超市是一个大型综合性空间，内部起支配作用的是基于盈利最大化诉求、按照生活知识系统安排的理性秩序，“连接——语言工具”“区隔——图形表现”依次展开对应关系。在消费者需要清晰无疑地快速进出到离的扶梯、收银这类通道空间，在场的是那些与地铁机场空间同样的文字设计逻辑——清晰有力的黑体字系和层级化的简洁编排；在货架和商品促销处实际在场的则是风格各异、趣味横生的创意文字设计。消费者不同的审美品位、商品需求和行为习惯在这里扮演了一个灵活决定不同向度的文字设计系统在场或离场的指挥棒角色。【图 9-10】

北京四元桥家乐福超市

1：连接空间／语言工具
2：区域空间／图示表现　　9-10

图 9-10 北京四元桥家乐福超市空间抽象分析的图释

另一个更为复杂的案例则来自北京朝阳路的过街地道空间。

朝阳路过街地道的状况突出表现了所谓结构其实是一个不断流变的规律

25 在本文语境中转化为“视觉符号”的表述。参见［法］居伊·德波：《景观社会》，王昭凤译，南京：南京大学出版社，2007 年，第 4 页。

化过程。人工化的时间刻度里，写字楼里的职员们按照上下班作息表潮汐涌动，过街地道执行了其安全通道的连接职能，出场的是导视系统里具有语言工具向度的文字设计系统；到了晚上，摆地摊的小贩们占据了地道，一个区隔性的临时简易集市形成了，各种推销招牌上具有图式表现向度的广告字体成为主角；到了午夜时分，地道开始被流浪者占据，一个区隔性的临时寄居场所因此产生，所有指示性或象征性的文字设计实质上都退隐出场——在空间的物理形态并未改变的情况下，其空间场境性质因占据人群的属性变化而变化，而这种场境的变化又决定了出现在其中的字符系统的实际面貌和效用面向。

从以上两个对北京公共空间的样本分析我们可以看到，文字设计向度与空间场境向度间不断重组的结构，特别是空间场境的实际状况往往对字符设计系统形成一种“强制性”的力量——这在设计研究的作者式视角下容易成为“盲区”，自然也就无法令人信服地解释现实生活里相同形制的文字设计为何可作不同解释与使用，以及不同文字设计内容何时有效或失效的现象。因此，对于当下境遇化的生活世界，仅仅持有一种单一的研究向度显然是不够的，语用学的视角能够对语构学取向的研究形成补充，进而互促共进。

结语

面对趣味多元化、风格碎片化和生活境遇化的现实世界，传统的作者式话语时常会出现那种设计物在生产与消费两端能所指漂移的现象，进而导致阐释的困难。可将其理解为文字设计研究中对客体世界反向作用于主体作者那一面的观照缺失。作为一种关注语用学向度的设计文化论研究路径，其与领域内强调文字设计形式特色、自足美学价值的主观赋形论形成了比照和对话。

如果将文字设计定位在“符号物”（无论是汉字还是拉丁字、传统书写还是数媒输出），它就会和其他所有人工制品那样只是作为一种在生产消费场域中参与社会运作的要素。进一步理解，目前文字设计的研究存在两种主要观察视角：一是置身于生产端的作者式视角，主要关注设计师如何更好地借助“类比”思维将具有特定诉求的语义外化为一个个具体的“符号物”形式；二是置身于消费端的语用视角，主要关注具体场境中的“符号物”形式如何被解释和驯化。在消费社会里，对使用语境的考察显然比以往具有更重要的价值，对设计实践也意味着有越来越大的实际影响。

字体业态

日本字库厂商概况——2009 年至今 _[日] 鸟海修
曲折前行，花香满枝——1949 年至 2000 年的汉字印刷字体设计略貌 _ 王金磊、王静艳字体设计从来就不是孤立的存在，如雕版印刷时代的字体需要写手、刻工的合作参与，铅字印刷时代需要铸字工、刻字工、排字工等的密切协作，此外还需要各种技术材料的支持，即使目前我们使用“所看即所得”的电脑设计制作方式，也需要测试、出版、发行等各个环节的密切合作，才能使一款字体呈现在世人面前。字体设计只是集体活动中的一个环节而已，我们在看到最终的视觉形态之外，还需要关注与其共存的整个生态。

技术的变革大大影响着字体设计，如同昆丁 · 纽瓦克所说的“所有的设计都是由技术而产生……”20 世纪后半叶至今，汉字字体设计也受到了技术的影响，短短几十年的时间，印刷技术告别“铅与火”，迎来“光与电”。这其中伴随的是从铅活字排版到照相排版的转变，从点阵字体到桌面出版（DTP）的转变，从政府主导的字体设计研究机构发展到企业积极参与电脑字库的研究开发。进入“数与网”的今天，字体种类日益丰富的背后却暗流涌动，这其中所牵涉的不仅有政治、经济、科技、文化等诸多因素，同时还存在着国际竞争和商业垄断，这些都在与字体设计相关的生态圈中交织角力。

处在汉字圈的中国和日本，都面临着新的境遇，如何在全球化的大企业掌握尖端技术的现状下，开拓出新的天地，这是很多中小字体设计团体所要面对的挑战。字体终究要付诸应用，无论是在印刷时代还是如今的数字时代，至终是要利于人们阅读的，有利于信息清晰无误地传达，这是对字体设计的最基本要求。

与此同时，如何保守己心，体现字体的文脉，也是字体设计师所要面对的问题。如同鸟海修先生所说的，“不希望仅仅将文字视为挣钱的手段……字体的发展应该建立在继承传统的基础上”，这就是我们要时常回望的初心。

日本字库厂商[1]概况——2009年至今

[日]鸟海修

鸟海修

日本字游工房创始人，京都精华大学客座教授。

【译者按】

本文中有大量日文的企业、字体名称以及计算机术语等专有名词，为方便读者查阅及方家纠错，故可用中文翻译的在译文后再附以日文原名，假名名称等无法直接以中文翻译，或者难以表达的，则标注日文发音后再附以日文原名，而有些则依据厂商、商品习惯直接以英文表达。

一、照相排版的时代——从 Hot Type（ホットタイプ）到 Cold Type（コールドタイプ）

20 世纪 70 年代是采用平版胶印的《popeye》《an · an》《brutus》等彩色杂志相继创刊的时期。当时的印刷文字几乎都已经使用照相排版技术，而之前曾是主流的金属活字主要用于文库本和单行本书籍。笔者还记得在当时的印刷行业展示会上曾广泛使用“从 Hot Type 到 Cold Type”的宣传口号。

10-1
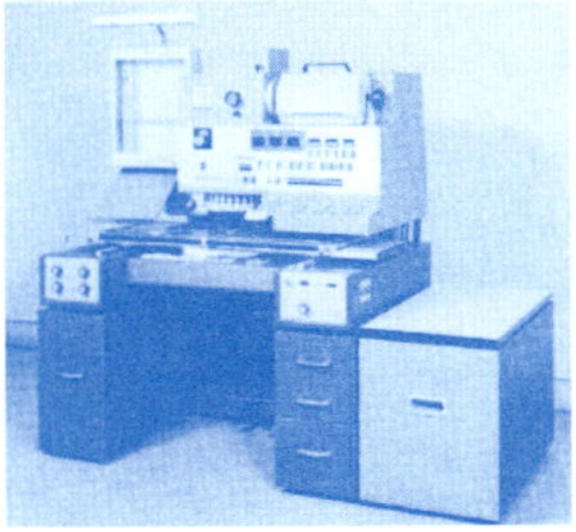

10-2
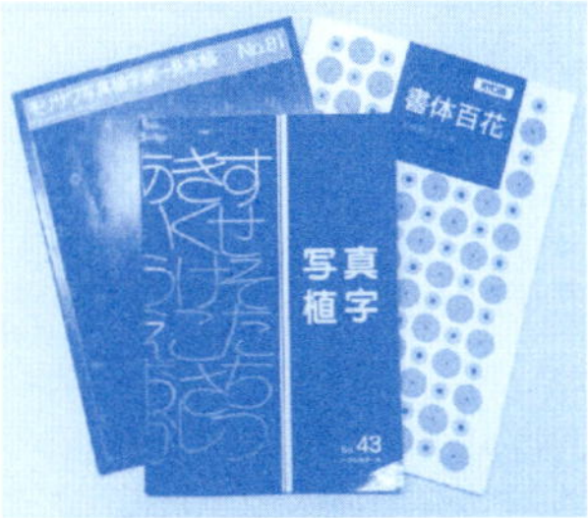

照相排版企业的业务是制造机器（照相排版机）及文字（文字盘）【图 10-1】，并将两者捆绑销售给照相排版印刷企业，写研、森泽（モリサワ）、RYOBI 这三个企业【图 10-2】占据了几乎日本的全部市场。其中特别是写研的市场份额占有压倒性地位，在其最为兴盛的 20 世纪 80 年代中期占据了约关东 80%、大阪 60% 的市场份额，在职员工有一千二百人以上，年销售额约三百亿日元。这样的销售额对于现在的字库厂商而言简直是遥不可及，然而这并不是依靠文字达到的，主要是照相排版用设备的销售额（当然也可以说是因为字体质量高推动了照相排版设备的销售）。这种结果是理所应当的，手动照相排版机的价格约一千万日元，计算机照相排版机的价格约数千万元，全部系统则需要一亿日元以上。即便是需要如此之大的投资来购入高价的设备和文字，以印刷、销售印刷物为业务的照相排版业者的经营状况仍然非常良好。其原因是，无论是照

图 10-1 照相排版机与文字盘
图版来源：《文字に生きる（写研 50 年の歩み）》，写研
图 10-2 写研、森泽的字体样本

1 本文中所谓的“字库厂商（Font Vendor，フォントベンダー）”指制造销售日本国内用原创字体的企业。至于其销售的字体是由外部还是内部开发、制造的则并不是本文的关注点。

相排版设备还是文字盘的制作，抑或是字体的设计乃至排版、印刷，都需要独自的技术和经验——这是第三者难以介入的狭小世界，换而言之是一个封闭的环境。的价格约数千万元，全部系统则需要一亿日元以上。即便是需要如此之大的投资来购入高价的设备和文字，以印刷、销售印刷物为业务的照相排版业者的经营状况仍然非常良好。其原因是，无论是照相排版设备还是文字盘的制作，抑或是字体的设计乃至排版、印刷，都需要独自的技术和经验——这是第三者难以介入的狭小世界，换而言之是一个封闭的环境。

二、点阵字体——从模拟时代至数字时代

20 世纪 80 年代是模拟技术时代和曲线字库时代的中间时期，是点阵字体伴随计算机的发展出现、普及的时代。一方面是继承了照相排版系统的高品质印刷，一方面是为个人用普及的文字处理器。保持高品质印刷的照相排版厂商高举“从模拟技术到数字技术”的宣传标语，开发了 100×100 的正文用、200×200 的小标题用点阵字体以及高额的点阵字体输入、输出用系统，并将其推广使用于全日本的各种杂志、书籍中。这一领域的先驱应该是朝日新闻社与 IBM 共同开发，从 1980 年开始运作的 Nelson 系统。一方面，文字处理器则使用了 12×12、16×16、24×24 等低解像度用的点阵字体，广泛普及于企业的报告书制作，或作家制作稿件等领域。在写研提供 JIS 规格的点阵字体【图 10-3】的同时，活字制造企业 Motoya 也依据金属活字开发点阵字体，并积极地将其销售至各 OA 设备厂商。此外还有 Type Bank、OA 机器制造厂商的东芝、NEC、富士通、日立等也进行了独自的点阵字体的开发活动。

20 世纪 80 年代后半期，曲线字库崭露头角。点阵字体的制作中，必须依据文字大小对每个尺寸都进行新的设计，成本极高，而曲线字库只需制作一种尺寸即可在其基础上获得各种大小的文字。写研为对应曲线字库开发了被称为“Cfont”的独自的字体文件格式，而不具备字体开发经验且被照相排版厂商拒绝合作的 OA 设备厂商却陷入了困境——虽然能制作设备却没有可以使用于设备的高品位文字。为摆脱这种困境，各 OA 设备厂商在工业技术院的主导下，设立了文字字体，普及开发中心举办字体设计竞赛。在这次字体设计竞赛的参赛作品中被选定的是 Ryobi Imagix 公司设计的平成明朝体【图 10-4】。几乎同时，日本 Type Writer 公司也推出了平成黑体，数年后还有写研设计的平成圆黑体。

三、DTP 元年——从封闭环境向开放环境的转变

基于苹果电脑公司的 Macintosh 与 Adobe 的编程语言 PostScript 的 DTP 的出现给日本的字库业界带来了巨大的冲击。DTP 彻底颠覆了原本依赖于照相排版的文字输出环境。首先，就输入输出设备而言，DTP 的价格不但仅为照相排版设备的约 1/10，还便于操作。在照相排版时代只能委托给专

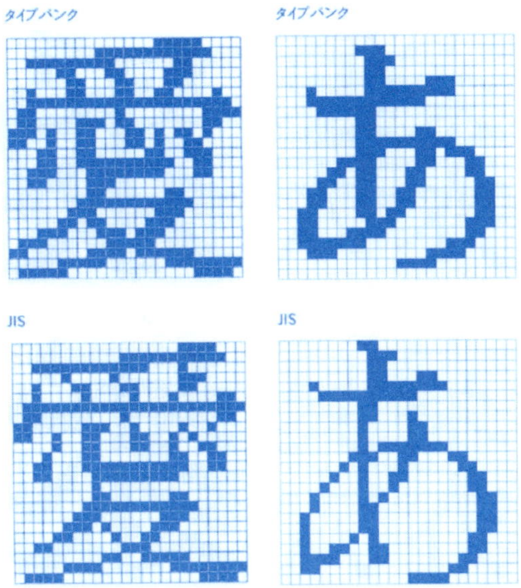

10-3　出典「書体を創る　林隆男タイプフェイス論集」ジャストシステム刊

読みやすく美しいフォント

読みやすく美しいフォント

10-4　読みやすく美しいフォント

业厂商的排版环节，也可以容易地通过键盘进行且其修正也更为简单。其次因PostScript技术的先进性，照相排版时代几乎不可能完成的文字和画像的同时处理得以实现。DTP如此之多的利点对于设计师而言简直是实现梦想的完美系统。DTP的出现使曾牵引行业，以商业用印刷字体为业务的照相排版厂商开始对设备与文字的分离抱有极强的危机感。如前所述照相排版厂商的营业额几乎全部依赖照相排版设备的销售，而如果离开设备，仅靠文字的营业额几乎无法维持企业的运营。

然而如果没有文字的话DTP也无法实现运作。为此，Adobe与照相排版厂商交涉，寻求合作的可能，谋划以PostScript技术进行商业印刷用字体的字库化。虽然写研和Ryobi拒绝了与Adobe的合作，但森泽则一边对照相排版业界的存亡抱有强烈的危机感，同时与Adobe合作实现了“Ryuminn L-KL（リュウミン L-KL）”与“中黑体 BBB（中ゴシック BBB）”的

图10-3　点阵字体
Type Bank（タイプバンク，上图）、JIS（下图）
图版来源:《書体を創る　林隆男タイプフェイス論集》，ジャストシステム
图10-4　从上至下：平成明朝体W3、平成黑体W5、平成圆黑体W4

PostScript 化。【图 10-5】森泽对 Adobe 的回应实际上是非常微妙的。因为这两种字体是照相排版时代几乎不为人使用的。可以想象，森泽是想先以这两种字体作为探路石。

読みやすく美しいフォント

読みやすく美しいフォント

10-5

1989 年，以 Macintosh 电脑为中心，可以使用“Ryuminn L-KL”、“中黑体 BBB”——字体文件格式为 OCF，低解像度用约五万日元，高解像度用约三十万日元——的 DTP 系统出现。1989 年是平成元年，同时也可视为日本的“DTP 元年”。但是这一时期可用于 DTP 的字体数量极少。为了回应使用者需要更多字体的要求，森泽在其后数年间以基本五种、基本七种字体的顺序不断增加字体种类（这些并不是照相排版时代没有人气的字体）。其间，Parkway（パークウェイ）公司（フォントワークスジャパン的前身）——也开始销售 Rodan（ロダン，黑体）、Matisse（マティス，明朝体）、Seurat（スーラ，圆黑体）。【图 10-6】这在迫切需要类似于 Gona（ゴナ）的黑体以及粗明朝体的设计师间掀起了流行的风潮。但是，虽然字体数量有所增加，设计师以及出版业界的专家们却仍然对字体的品质抱有不满，他们认为，DTP 中没有能用于书籍正文排版的字体。

1993 年，大日本网屏（大日本スクリーン製造）推出字游工房最初担任设计制作的 Hiragino Mincho（ヒラギノ明朝体）。差不多前后时期，森

読みやすく美しいフォント

読みやすく美しいフォント

読みやすく美しいフォント

読みやすく美しいフォント

読みやすく美しいフォント

読みやすく美しいフォント

10-6

泽公司也开始实施 Ryumin 字族（リュウミンファミリー）、Shingo 字族（新ゴファミリー）等主力字体的字库化，日本的字库业界开始从照相排版全面向 DTP 转向。这时开始至 1999 年，以提供曲线字库为目的加入字库开发业界，或新出现的主要厂商有大日本网屏、TypeBank（タイプバンク）、NIS（ニィス）、DynaComware（ダイナコムウェア）、Adobe、视觉设计研究所（視覚デザイン研究所）、Motoya（モトヤ）、Ryobi Imagix（リョービイマジクス）、Iwata（イワタ）等。字体文件格式也从封闭的 OCF 向 CID 转变，inner resources 得以公开 native 的字库化成为可能。此外，Apple 与 Microsoft 还推出了不需区别显示、输出、不依赖于输出设备的新的字体文件格式 TTF（TrueType Font）。以上字体开发业界的各种活动实现了字体价格的大幅下降——ATM 约两万日元、无解像度限制的输出用字体约二十万日元。同时，更多的字体出现使日本的 DTP 环境得到了快速的改善。在文字排版全面向 DTP 环境转变的同时，照相排版企业也纷纷陷入停业的境地。其结果，DTP 字体市场的主导权被森泽掌握，写研至今无法打入市场，在职员工数减少到百人以下。

四、企业的生存之路——新业务的展开

2001 年，出现了替换 CID 的新字体文件格式 OTF（OpenType）。与 TTF 相同，OTF 也没有显示用、输出用的区别，不需要依赖输出机械。TTF 与 OTF 的出现，直接导致了市场的价格破坏。其中，1999 年，台湾资本的 DynaComware 以一万两千八百日元的价格销售一百种 TTF 格式的字体，虽然在字体质量上存在问题，但是销售状况极好。OTF 字体文件格式的字体，1 种仅需约两万日元左右，价格仅为 CID 格式的输出用字体的 1/10。这一时期，Adobe 公司开始在其销售的软件中嵌入 OTF 字体文件格式的小塚明朝。2000 年，大日本网屏在 MacOSX 中嵌入了 Hiragino（ヒラギノ）的明朝、方黑、圆黑共六种字体。【图 10-7】就此，MAC 使用者均可获得高品质的基本字体。2002 年，Fontworks（フォントワークス）又推出了年度定额字体授权服务“LETS”【图 10-8】，只需缴纳每台电脑年度三万七千五百日元的费用（此外还需要缴纳一定的入会费）就可以使用 Fontworks 的所有字体且每年还有新字体的增加（现有 OTF 共二百二十五种），这种销售体系给其他字体厂商带来了强烈的冲击。森泽也很快于 2005 年开始推出名“PASSPORT”的年度定额字体授权服务。【图 10-9】虽然大致与“LETS”相同，但“PASSPORT”可使用的字体数量更多（现有三百六十五种），价格也略高——每台个人电脑年度需缴费五万二千五百日元。在其影响下，其他字库厂商也纷纷开始推出这种销售模式，如：Iwata 的“Iwata LETS”、TypeBank 的“TypeBank LETS”，NIS 则推出了字体租赁模式。大日本印刷更将改刻的秀英体加入“PASSPORT”，其价格是十年前无法想象之低。以上这些都是可以说是因价格竞争而出现的字体销售系统。

图 10-5 “Ryuminn L-KL（リュウミン L-KL）”与“中黑体 BBB（中ゴシック BBB）（森泽）

图 10-6 Matisse M/B（マティスM/）、Rodan M/EB（ロダン M/E）、Seurat M/EB（スーラ M/EB）（现 Fontworks）

読みやすく美しいフォント

読みやすく美しいフォント

読みやすく美しいフォント

読みやすく美しいフォント

読みやすく美しいフォント

読みやすく美しいフォント

10-7

10-8

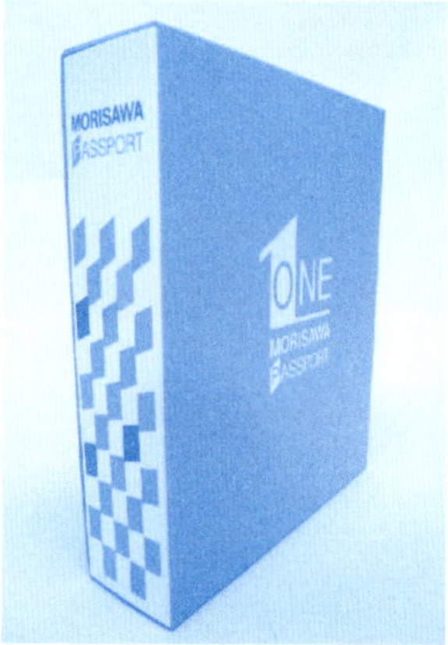

10-9

除以上所列举的大型企业外，还有那些拥有字体数量不多的小型字库厂商也值得关注。他们针对特定的对象展开设计活动并表现出强烈的存在感。2001年，Type Project（タイププロジェクト）为杂志《AXIS》设计了“AXIS Font”——这是适用于与欧文混排的优美的黑体字【图10-10】，2008年开始为部分手机厂商内置于手机系统。2002年，朗文堂发布了以“和字”为中心的字体集。同年，开发了Hiragino的字游工房将焦距集中于商业印刷开发了高品位的基本字体“游字体library（游書体ライブラリー）”。

图10-7 内嵌于MacOSX中的Hiragino（ヒラギノ）字体（大日本网屏）。从上至下：Hiragin明朝体W3、W6；Hiragin方黑体W3、W6、W8；Hiragin圆黑体W4

图10-8 Fontworks的“LETS”

图10-9 森泽的“PASSPORT”

【图 10-11】2006 年 Kataoka Design Works（カタオカデザインワークス）推出了“丸明 old（丸明オールド）【图 10-12】，其复古又崭新的风格一时风靡广告业界，此后 Kataoka Design Works 还设计了应和大众口味的基本字体“Iroha 黑体（イロハゴシック）”。

在最近，不仅仅是商业印刷，以家电和手机、汽车导航等终端显示为目的字体开发也极大地受到了关注。这一领域发展的初期阶段，Dyna Comware、Arphic 都展开了积极的活动。2006 年 C&G 发布了 Windows Vista 显示

白いそらの帯がみんな星だ。
白いそらの帯がみんな星だ。
白いそらの帯がみんな星だ。
白いそらの帯がみんな星だ。
白いそらの帯がみんな星だ。
白いそらの帯がみんな星だ。
白いそらの帯がみんな星だ。

10-10 出典「フォントスタイルブック 2009」ワークスコーポレーション刊

読みやすく美しいフォント
読みやすく美しいフォント
読みやすく美しいフォント
読みやすく美しいフォント
読みやすく美しいフォント

10-11

图 10-10 AXIS Font（Type Project）。从上至下：Extra Light、Light、Regular、Medium、Bold
图版来源：《フォントスタイルブック 2009》，ワークスコーポレーション

图 10-11 游字体 library（字游工房）。从上至下：游明朝体、游筑标题明朝体、游黑体 M/B、游教科书体 M

読みやすく美しいフォント

白いそらの帯がみんな星だ。

白いそらの帯がみんな星だ。

白いそらの帯がみんな星だ。

白いそらの帯がみんな星だ。

白いそらの帯がみんな星だ。

白いそらの帯がみんな星だ。

出典「フォントスタイルブック 2009」ワークスコーポレーション刊 10-12

用横排字体 Meiryo（メイリオ）。【图 10-13】同年，Iwata 发布了“Iwata UD 字体（イワタ UD フォント）【图 10-14】，这是与 Panasonic 合作为了弱视者开发的字体，用于电视遥控器的按钮等。这种立足于一定理论基础上进行的字体开发活动，极大地刺激到了字体使用者和字库厂商，2009 年秋季，大日本网屏、森泽、TypeBank、Motoya 等均表示即将开始 UD（Universal Design）字体的开发。

受不断深化的全球经济一体化的影响，多语言字体的开发需求也受到重

読みやすく美しいフォント

読みやすく美しいフォント 10-13

読みやすく美しいフォント

読みやすく美しいフォント 10-14

图 10-12 丸明 old/iroha-23/iroha-24（Kataoka Design Works）

图版来源：《フォントスタイルブック 2009》，ワークスコーポレーション

图 10-13 Meiryo Regular / Bold（微软）

图 10-14 Iwata UD 黑体 R 显示用 /B 显示用（Iwata）

视。台湾资本的 Dyna　Comware 在中国大陆表现出积极的行动，大日本网屏也开发了 Hiragino 方黑体的简体字【图 10-15】，作为日本字库厂商首次获得中国政府的认可在中国进行销售。Hiragino 方黑体的简体字还内嵌于 MacOS 的 Snow　Leopard 中。此外，TypeBank 还与国外企业合作尝试多语种字体商业销售模式的探索。不仅限于日本国内的字库厂商，德国的 Linotype 以及美国的 MonoType 等也在积极进行这类商业模式的摸索。

功能新发售机场东京主页
ABCDabcd0123āéǐò

功能新发售机场东京主页
ABCDabcd0123āéǐò

10-15

如上所述，从照相排版时代向数字时代的变迁所带来的字体市场的开放，招致了众多企业的参与，从而导致了字体价格的显著下降，当然在字体数量增加的同时质量上良莠并存仍然是不容忽视的问题。此外，数字字体的使用范围获得了极度的扩大，如在数字化机械及家电中的嵌入等——这是模拟技术时代完全无法想象的。对于字库厂商而言，虽然伴随技术进步而带来的新的商机当然是值得庆贺的，但是未来的发展方向仍有悬念。虽然可能是极为幼稚的想法，但笔者不希望仅仅将文字视为挣钱的手段。笔者羞于提及“字体是文化”等口号，也不想将这种口号诉诸文字，然而笔者心中一直有着强烈的意识——字体的发展应该建立在继承传统的基础上。字体的利用范围越是广阔，字体的表现越是自由，字库厂商的立场和责任就越是重要。我们正在迎来思考字库厂商存在哲学的时代，我们必须认真思考，什么才是日本的字库厂商应该全力完成的。文字必须是易于阅读的，必须是优美的——这是文字设计的铁则。

2009 年以后日本字库厂商的概况

此前记述了 2009 年为止的日本字库业界的动向，其中漏记了 2006 年 Linotype 为美国 Monotype 收购一事，特此补记。

以下，参照各企业网站总结 2009 年以后日本字库厂商的概况。虽然笔者本意是列举相比较而言影响力较强的企业以及行业大事，但必须强调的是，本文是基于笔者主观印象的记述，可能与客观事实上有大的偏差。此外，本文不涉及近年来多见的免费字体（FreeFont）。

图 10-15　Hiragino 方黑体简体字版 W3/W6（大日本网屏）

【2009年至今日本字库厂商大事记】

2009年　Type Project发布“城市字体（都市フォント）”系列——金鯱字体（金鯱フォント）、滨明朝（濱明朝）、东京城市字体（東京シティフォント）。

2009年　Fontworks开始“方正LETS”业务。

2009年　森泽在其“PASSPORT”中增加了大日本印刷的秀英体字族。

2010年　Fontworks开始“白舟LETS”业务。

2010年　DynaComware开始“DynaSmart”业务。

2010年　TypeBank向森泽转让经营权。

2010年　森泽在其“PASSPORT”中增加了大日本网屏的Hiragino字族。

2011年　Ryobi Imagix将字体业务转给森泽。

2011年　SoftBank Technology（ソフトバンクテクノロジー）开展在线字体服务“FONTPLUS”。

2012年　森泽重新开始组织字体设计竞赛。

2012年　森泽开展在线字体服务“TypeSquare”。

2012年　字游工房的游明朝体、游黑体的部分字重为iBooks采用。

2013年　Iwata开始销售朝日新闻字体。

2013年　字游工房的游明朝体和游黑体（游ゴシック）的部分字预装用于Windows8.1系统。

2013年　Fontworks与SoftBank Technology开始资本提携。

2013年　NIS等3企业合并为NIC株式会社（エヌアイシィ株式会社）。

2014年　Adobe与Google 发布了开源字体“思源黑体（Sourse Han Sans）”，这是对应日文、中文、韩文、拉丁文、希腊文、俄文等的全球化字体。

2014年　Type Project发布TP明朝，可以在一定范围内自由变换横竖线的粗细。

2014年　字游工房的游明朝体、游黑体的部分字重预装于MacOS系统。

2014年　Type Project使用Fit Font（フィットフォント）技术开发了企业定制字体（corporate font）“DENSO Alpine”（DENSOアルピーヌ）。

2014年至2016年　字游工房制作了“凸版文久体”。

2015年　大日本网屏在中MacOS预装了Hiragino方黑体（ヒラギノ角ゴシック）——从W0至W9的字重。

2015年　Fontworks与Motoya开始LETS业务的合作，推出“Motoya LETS（モトヤLETS）”业务。

2016年　森泽“PASSPORT”中增加了“凸版文久体”。

2016年　Apple、Google、Microsoft、Adobe开始了合作，

发布了“可变字体（VariableFont）”。
2016年 Kataoka Design Works更名为“砧字体制作所（砧書体制作所）”。
2016年 RealType开始了其在线字体业务“REALTYPE”
2017年 Monotype发布“Tadugane方黑体（たづがね角ゴシック）
2017年 Adobe与Google 发布“思源宋体（Sourse Han Serif）”。
2017年 TypeBank被森泽兼并。
2017年 Fontworks与Monotype展开业务合作。

对以上大事记补充说明如下：

2009年，日本最大的字库厂商森泽的年度定额字体授权服务“PASSPORT”上的字体数量约为三百六十五种，至2017年增加为约一千种。字体总数急速增加的原因是，除森泽自有的字体外，还吸收了大日本网屏的Hiragino字体、大日本印刷的秀英体以及凸版印刷的文久体、Ryobi Imagix的字体以及兼并TypeBank等。当然，全球化浪潮下与海外字库厂商进行合作，中文简体字、繁体字、韩文及欧文等数量的增加也是影响字体数量急速增加的重要因素之一。此外，2012年森泽开展在线字体服务“TypeSquare”业务，重新举行的“森泽字体设计比赛（モリサワタイプデザインコンペティション）”——在今后将每两年举办一次——成为字体设计业界的盛会，推动外部设计师着手设计新字体。

占据业界第二把交椅的Fontworks也表现出大动作。2013年与SoftBank Technology 开展资本提携，更换经营阵容。2015年与Motoya开展了LETS业务合作，2017年与Monotype开始业务合作。其年度定额字体授权服务“LETS”以筑紫字体为中心也在不断增加数量——2009年时有二百二十五种字体，现在则增加为约五百种字体，其中包含有简体字，繁体字、韩文字体等。虽然相比森泽的“PASSPORT”字体数量仅为其一半，但这也是Fontworks的经营方针——在LETS业务中，划分合作企业的业务以保证各自企业独立性。开展LETS业务的有“IwataLETS”——约一百五十种字体，以及“Motoya LETS——约一百五十种字体，此外还有中国的“方正LETS”，以及“Monotype LETS”——拥有约八千种欧文字体。作为“LETS”业务的特征之一，它面向游戏业界、广播、电视业界开放并在各业界中保证市场占有率。

其他的年度定额字体授权服务还有Dyna Comware于2010年推出的“DynaSmart”及NIC的“NIS Ticket”。就以上来看，日本的年度定额字体授权服务似乎已经完全普及，然而实际上可能是已经进入了下一个发展阶段。因为，如何使用总数超过一千种的字体，要求作为产品提供方的字库厂商和产品的使用者之间有着高度的理解、运用能力和营销方法。如果受年度定额字体授权服务的影响，消费者可能会感觉定期特約商品的价格偏高从而影响企业的销售。

Adobe与Monotype走在业界全球化的先端。特别是Adobe与Google合作于2014年发布的思源黑体（Sourse Han Sans）、2017年发布的思源宋体（Sourse Han Serif）不但包含了简体字、繁体字、韩文、欧文等，还是开源字体，消费者可以免费自由使用。这种拥有多种使用字体业务的大型企业的经营方法，给立足于全球化视角的日本字库厂商带来了巨大的冲击。

Monotype则依据Frutiger设计了名为“Tadugane方黑体（たづがね角ゴシック）”的日文字体，开始涉足日本的企业定制字体和全球化字体市场。今后Monotype可能会增加简体字、繁体字等，继续开发明朝体和圆黑体。

Type Project的经营与众不同，它通过城市字体、使用Fit Font技术开发企业定制字体等方法寻求市场出路。字游工房以基本字体为业务，为Apple、Microsoft制作OS的系统嵌入字体之外，还参加了大日本印刷的“秀英体字族”的部分字体，以及凸版文久体字族的制作，将其商业活动建立在高度的设计能力基础之上。Kataoka Design Works于2016年更名为“砧字体制作所”，致力于开发充满时代感的字体。

结语

2009年至2017年是日本字库业界的变革期。在数字环境下，字体的销售、开发方式以及销售对象都在不断扩大。此外，字体使用方法层面，也出现了在线字体、可变字体等新技术。在线字体的技术问题已经几乎完全解决，森泽与SoftBank Technology、Real Type等已经开始运营，然而现状是商业层面上仍未成熟。最大的原因是该系统的按量计费率难以理解，对于消费者而言难以轻易引入。此外，Variable Font是2016年由Adobe、Apple、Google、Microsoft合作发布的新的字体文件格式，其目的是实现字体数据量的轻量化。因为各种使用字体设备的小型化以及高精细化，不仅需要字体更多粗细变化的表现，还需要更小更轻的数据量。字母文字的文字数少，为此不难实现其轻量化，而对于拥有庞大字数的汉字却仍有较大难度。需要密切关注其今后的发展动向。

在日本国内，年度定额字体授权服务已经普及，现在仍仅仅依靠传统销售方式的字库厂商，可能也需要转换经营思维和经营模式，尝试定期定额销售方法。

【参考文献、资料】

1.《文字に生きる（写研50年の歩み）》，株式会社写研刊
2.《文字に生きる（51～60）》，株式会社写研刊
3. 维基百科 http://ja.wikipedia.org/wiki/平成書体
4. 木村浩：《デザインとは何か1》，http://cookie.geijutsu.tsukuba.ac.jp/contents/infodesign1.html
5.《書体を創る 林隆男タイプフェイス論集》，ジャストシステム刊
6.《フォントスタイルブック2009》，ワークスコーポレーション刊

曲折前行，花香满枝——1949 年至 2000 年的汉字印刷字体设计[1] 略貌

王金磊、王静艳

1949年之后中国的汉字字体设计发展跌宕起伏，这其中经历了60年代的艰辛探索，经历了“文革”的挫折岁月，也经历了改革开放之后的旗鼓重整，更经历了技术变革的激烈浪潮。近七十年的时光，展现出社会、政治、文化、经济、技术、商业的碰撞交织。

1949年—1959年

这一时期，我国的印刷业比较落后，印刷用字体仍使用1949年前老铜模翻制的铅活字字体，字体品种有老宋体、楷体、仿宋体，以及由日本传入的黑体。

从中华人民共和国成立到1959年的十年间，印刷新字体的开发可谓屈指可数，只将旧有的字体，加以修整、补充后重新翻制字模。每翻制一次，字体就会在制模过程中丧失一些原味，细节磨损、扭曲，品质下降。《简化字总表》于1956年正式颁布，由于有些简化字结构特殊，刻制的活字在印刷排版之后就显得极不协调。这些都成为当时我国正文用字质量不尽如人意的原因。在1959年莱比锡国际书籍博览会上，我国的正文字体设计的短板在他国制作精良的字体对比下暴露无遗，直接引起了政府的关注。

在此时期，两款印刷用标题字值得一提。一是“长牟体”。1956年，《人民日报》社提出革新印刷标题字样式，牟紫东应邀参与创写工作【图11-1】，历时两年创写出了长宋体，后被命名为“长牟体”，此款字体吸收了宋体字的结构和楷体字的风格，字体端庄、严肃、清秀、活泼，是1949年后较高水准的印刷新字体。二是“姚体”。1958年，《解放日报》的版面中出现了姚志良设计的标题字体——“姚体”【图11-2】，此款字体横细竖粗，字形呈长方形，活泼流畅，字形美观大方。

与此同时，私营厂改造，字模厂只剩京沪两家，出现产能小、需求数量大的矛盾。当时有人估计：七千余字一副字模，要刻制的简化字和偏旁简化类

---

1 有必要在此先说明，“汉字”与“中文”是一对需要慎重区别的概念，目前，业界对于汉字设计的表述多用“中文字体”，然而“中文”并不等同于“汉字”，这两个概念的涵盖大大不同。“中文”狭义指汉语和汉字，即包括书写体系和发音体系，“汉字”则仅指书写体系。“中文”一词关注文法和发音，这与本文所关注的对象并不相同，“中文字体设计”是包括字形和文字编排在内的更大的概念，如要与西文中的概念对应，更靠近typography（排印）一词。而本文的研究指向单个汉字的字形设计，靠近西文中Typeface（字体）的概念，使用“汉字字体设计”远比“中文字体设计”更为指向明确。

“印刷字体”一词一直用以称呼规范使用的排版印刷文字，因其使用方式而得名，与美术字、创意字体相比，印刷字体一是属于规范用字，二是代表其是涵盖大量文字的字符集，如符合GB2312-80的标准收录6763个汉字和682个符号，或是符合GB18030的标准收录27533个汉字。但是随着电子阅读的出现，“印刷字体”的名称变得过于狭隘了，无法涵盖同时也用来电子阅读并不需要印刷呈现的文字。在本文中，依旧使用“印刷字体”一词，事实上，其概念涵盖了印刷用字体和显示用字体。

王静艳．现代汉字正文字体设计规范研究[D]．中央美术学院，2016。

11-1

11-2

推字约有三千字。如果四种字体、八种规格都刻齐，要刻八万多个铅坯。以当时的刻工力量，大约需十年才能刻完。改革制模技术刻不容缓。所以，国家于 1956 年、1958 年及 1965 年三次从日本引进“本顿”雕刻机，大大提高了我国刻制字模技术的水平。后来我国自己制造字模雕刻机，上海更用雕刻机刻制钢字、冲压字模，制模速度大为提高，全国需用的字模很快全部供应。虽然制模刻字技术大幅提高了，但是另一个急需解决的问题出现了，那就是字稿的设计。

1960 年—1973 年

从 60 年代起，我国开始比较全面，有组织、有计划地开展印刷字体设计工作。

1960 年 8 月，为改变印刷字体落后的面貌，在出版界老前辈胡愈之先生等人的倡导下，政府在上海印刷技术研究所设立印刷活字研究室。同年 10 月，文化部发出《请组织有关部门改进和创造新的印刷字体》的通知，明确提出“整旧与创新并举，目前以整旧为主”的字体设计方针，这是我国第一次站在国家文化出版事业的高度对印刷字体提出建议。之后，上海印刷技术研究所印刷活字研究室在这一方针的指导下，组织美术、刻字、书法三方面的人员有计划地研究、设计印刷新字体。此外，还有三家字模厂在此时期也相继进行了字体设计的工作，分别是北京新华字模厂、上海字模一厂[4]、丹江口文字六〇五厂[5]，以上四个单位被合称为“一所三厂”。

20 世纪 60 年代是我国印刷字体创写的黄金时代，出现了大批优秀字体。北京新华字模厂在 1961 年组织设计了“61-1 宋体”，其设计原型是 1949

2 图片转自张默．“牟体”标题字的创写者——牟紫东 [J]．新闻战线，1982(04)：20-22。

3 图片转自郭昌熹．今天，向工匠致敬——一个解放日报刻字工与“姚体”的故事 [J]．东方网，2016。

4 “文革”期间，上海印刷技术研究所活字字体研究室停止运作；1970 年，活字字体研究室被撤销，设计人员裁并到上海字模一厂和丹江口文字六〇五厂的字体室；1978 年恢复，成立字体研究室，部分设计人员从字模一厂召回。

5 前身为上海字模二厂，1968 年内迁至湖北丹江口，定名为丹江口文字六〇五厂，内设字体设计组，由上海印刷技术研究活字字体研究所室负责人之一钱惠明先生主持。

图 11-1 牟紫东工作照片[2]

图 11-2 姚志良与他身旁的“姚体”字[3]

年前引进的日本“筑地体”，此款字体主要为配合出版《毛泽东选集》竖排本而设计。1964 年又组织设计了“64-1 宋体”，其设计原型是日本的“秀英体”，主要用于排印书刊正文。此外还有“仿宋体”“黑体”“粗扁黑”“中宋”“长黑体”“宋楷体”等。上海印刷技术研究所在 60 年代设计了“宋一体”【图 11-3】、“黑一体”【图 11-4】、“宋二体”【图 11-5】、“黑二体”、“黑体”、“诗词体”、“华文正楷”【图 11-6】、“汉文正楷”等，其中的“宋一体”成为排印 1965 年文化部颁布的《印刷通用汉字字形表》的标准字体，使印刷字体的笔画和正楷书写笔画达到了一定程度的统一。此外还有丹江口文字六〇五厂设计开发的“长仿宋”“标题隶”“粗圆头体”等；上海字模一厂设计的“行头黑体”“行头宋体”等。

11-3
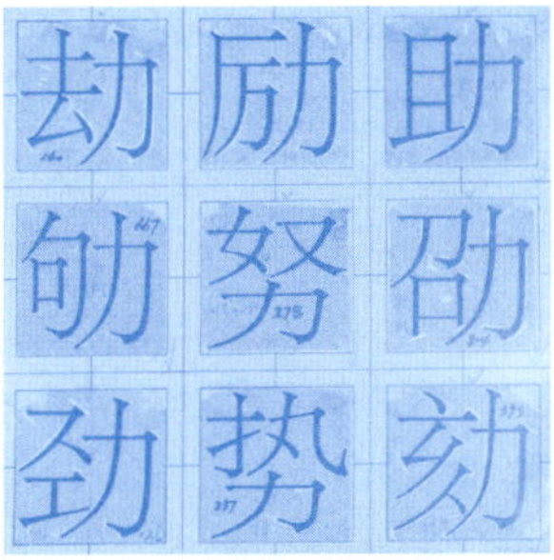

11-4
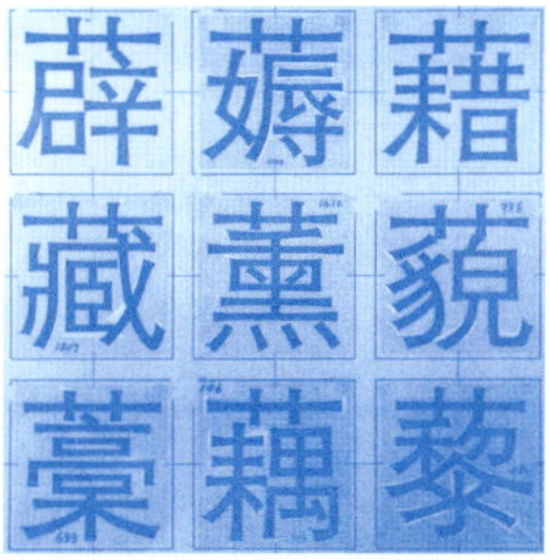

11-5
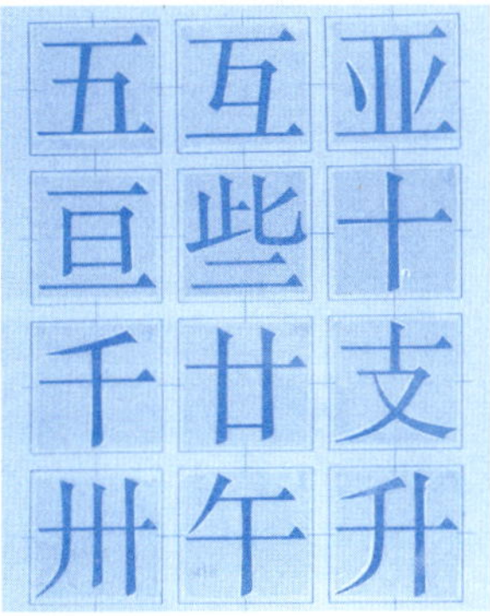

11-6

何步云先生在《中国活字小史》中，提及 60 年代设计的字体有三个特点：1. 字形、笔画数统一。这一点得益于《简化字总表》的颁布，每个字的笔画数也统一规范，便于字典、辞典单字的排检；2. 有民族特征。1949 年前，宋体、黑体字模从日本进口，缺少自身特点，60 年代以后自主设计的字体则与进口字体的风格迥异，更具民族特征；3. 有配套字体。此阶段特别设计了配套的英、俄、希腊文等西文字母，结束了西文字体进口的历史。

图 11-3 宋一体原稿
图 11-4 黑一体原稿
图 11-5 宋二粗体原稿
图 11-6 华文正楷字稿
以上字稿由上海印刷技术研究所藏

1966 年夏，当时的字体设计队伍准备开展创新设计之际，“文化大革命”开始，以致印刷字体设计受到很大的影响，基本停摆。但此阶段也有新的字体产生，如上海字模一厂设计的“行头宋体”“行头黑体”分别于 1972 年和 1974 年开发完成，北京新华字模厂的“中宋”于 1974 年开发完成。

这一阶段，字模制作技术也有一定的提高。1964 年，上海和丰涌铸字机厂成功试制字模雕刻机，次年批量生产，为中国字模生产机械化奠定了基础。上海字模一厂于 1965 年研制成功阔边活芯字模（习称小片模），使字模生产工序从原来的七十二道，减少到十六道，用料节省了三分之二。1968 年，上海字模一厂同上海印刷技术研究所合作，成功研制用雕刻钢字冲压铜模的方法，大大提高了字模生产速度。

1974 年—1990 年

70 年代是新旧技术交替的年代，1974 年是尤其值得回味的一年，在字体设计界发生了两个大事件：“大字本”的字体设计和“七四八工程”的启动。原国家出版事业管理局于 1974 年将北京新华字模厂、上海字模一厂和丹江口文字六〇五厂的字体设计人员集中在一起，通过两个阶段的设计，完成了“大字本”的字体设计任务，如此大规模地集结字体设计人员设计一款字体，这是史无前例的，除去其中的政治色彩，这个事件也从另外一个角度说明了人工效率的局限性。同年 8 月，“汉字信息处理系统工程”（七四八工程）正式启动，它奠定了中文计算机化的基础，为中文字库的产生拉开了序幕。

1978 年召开的全国印刷大会，明确指出“实现汉字排字的机械化、自动化、电子化，是印刷技术现代化的重大课题”，根据此项指示，上海印刷技术研究所恢复字体研究室，带头为电子激光照排系统设计并配置数字化标准字库。1978—1979 年，上海印刷技术研究所联合上海字模一厂、丹江口文字六〇五厂的字体设计师一起为新引进的英国蒙纳中文激光照排系统设计“宋、黑、仿、楷、标宋”五款字体；80 年代，该研究所为中国人民解放军第二炮兵第二研究所设计点阵字体，并制成数据库。【图 11-7】此外北京大学中文系和新华社都成立了字模制作组，负责精密字模的数字化。

20 世纪 80 年代，我国出版事业有了较大的发展，迫切需要更多、更好的印刷字体以满足出版需求。国家对于印刷字体的重视也发生了由点到面的变化，即从“一所三厂”过渡到向社会大众宣传征集，从汉字到少数民族文字体的扩容。1980 年 3 月，原国家出版事业管理局提出：“当前字模生产要努力创造新字体，增加科技符号，增加字模新品种，以适应出版印刷事业的需要。”[7] 同时，中国印刷物资总公司受其委托，负责组织新字体的创写工作。同年 8 月，中国印刷物资总公司召集“一所三厂”的部分工作人员在北京举办创写新字体座谈会，研究制定了《创造新字体五年规划（草）》。为保证印刷字体创新工作的顺利进行，专门组织“一所三厂”的字体设计人员分期分批去西安碑林、龙门石窟等地参观古代书法碑刻，以扩展设计思路，吸收文化遗产精

图 11-7 24×24 点阵字模[6]
图 11-8《印刷新字体展评会》样本
图 11-9 第一届全国印刷汉字新字体部分获奖作品字样[8]
图 11-10 1987 年森泽奖获奖者合影，从左至右依次为徐学成、邹秀英、陆华平（徐学成藏）
图 11-11 徐学成先生在 1987 年森泽奖获奖的“新宋体”字样，之后被森泽公司开发成字库，命名为“徐明体”（图片摘自《徐学成文集》）

华，提高印刷字体设计水平。按照“规划”，中国印刷物资总公司组织整理编辑出了七千八百九十三个字头的《科技符号字模表》，1981 年开始向全国征集正文、标题印刷字体作品，并于 1982 年 12 月在中国美术馆成功举办了新字体展评会【图 11-8】，此次展览会规模大，字体品种多，为中华人民共和国成立后首次。1983 年，该公司组织“一所三厂”相关人员拟定了《印刷新字体评选条件》，并于 1984 年 4 月召开了第一届全国印刷新字体评选会，从征集的一百一十五件设计作品中评出二十五件优秀作品【图 11-9】，当时受到社会各界的高度评价和认可。在汉字印刷字体设计之外，对少数民族文印刷字体征集也在 1985 年陆续展开，1988 年 1 月，在北京召开了少数民族文印刷新字体授奖大会，大大推动了少数民族文字字体设计的发展。

改革开放之后，中外合作交流活动逐渐活跃，印刷字体设计界也不例外，除了前文提到的上海印刷技术研究所与英国蒙纳公司的合作之外，中日两国的字体交流活动也趋于频繁，如陆华平的隶书作品在 1987 年日本森泽公司举办的第二届国际排版字体竞赛中荣获一等奖，徐学成、邹秀英的作品在此次活动中荣获佳作奖【图 11-10】，并于同年赴日本森泽公司交流考察，作品也被开发为整套字库。【图 11-11】

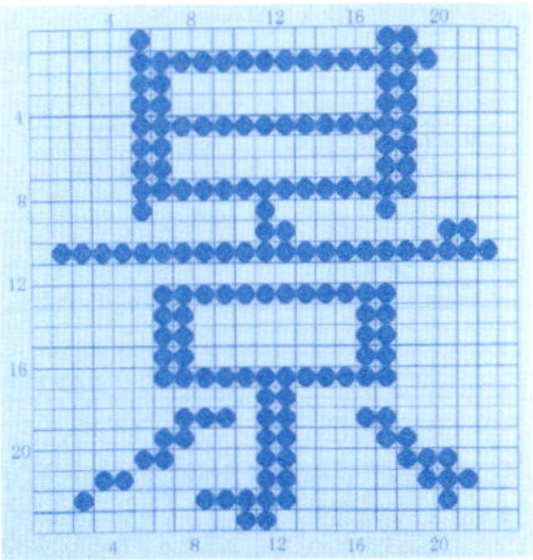
11-7

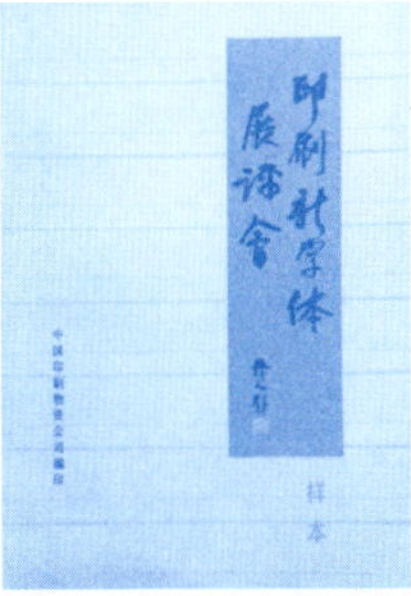

11-8

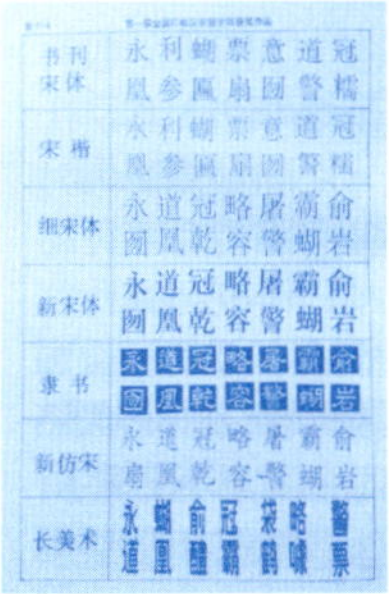
11-9

11-10

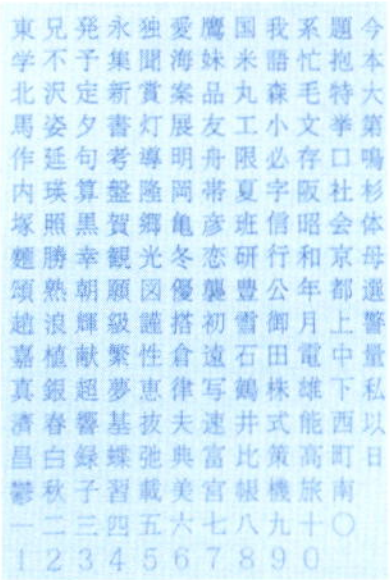
11-11

6 图片出自傅永和．中文信息处理 [M]．广州：广东教育出版社，1999：210。

7 曹振英，丘淙．汉字源流与实用印刷字体（下）——实用印刷字体手册 [M]．北京：印刷工业出版社 1994。

8 同注 7，第 234 页。

面对市场经济的浪潮，上海印刷技术研究所在 80 年代似乎遇到了瓶颈，虽然当时其字体得到国际的认可并获奖，且换取了不少外汇，但是自身的发展却有所懈怠，徐学成先生回忆道："但是上海印刷技术研究所设有先进的激光照排实验室，完全可以借此机会发展制作电脑字库，但却错失良机……没有自主研发权，制作成电脑字库很是惋惜。"（摘自《活字设计笔耕一生——徐学成文集》）虽然上海印刷技术研究所至今依然设有字体设计室，但其在行业中的重要性已今非昔比了。

20 世纪 80 年代是我国改革开放的初期，商业的需求、港台字体的传入、新型字库公司的成立以及西方设计理念的传入无疑影响了字体设计的走向。中西方观念的结合使字体设计进入新的阶段，简约、明晰的设计理念主导了正文字的创作倾向，从传统碑帖中受到启发，产生了大量的书法字体，美术字、广告字扩展了标题字的功能，满足了商业的需求。与此同时，西方完成了一系列的技术革命，PostScript（一种用于列印图像和文字的编程语言）字体技术、TureType（全真字体）技术和桌面出版系统等重要成果出现，直接影响了 90 年代之后的中文字体设计发展的方向。

1990 年—2000 年

前文提到的"一所三厂"在这个时期发生了很大的变化，上海印刷技术研究所的第一代字体设计师陆续退休，80 年代中期新招的一代也因市场经济的冲击，有不少"下海"经商，"三厂"的字体室在 80 年代末和 90 年代末陆续撤销。与此相对，市场经济的发展和新技术的产生，催生了不少字库设计公司，内地的有方正、华文、汉仪等，台湾地区的有华康、文鼎、中国龙，香港地区的有蒙纳字体（Monotype）、华康科技（CompuFont）及安托，这些字库厂商纷纷投入精力进行 PostScript 曲线轮廓字体的研发。

上海第一代字体设计师退休之后也有不少人继续参与了各新兴字库公司的字体设计工作，对电脑字库字体品质有很大的影响，如徐学成先生退休后就先后在启旋电脑（蛇口）有限公司、常州华文、上海立新、华康、潍坊华光、方正等字库公司从事字体设计和技艺讲授的工作；第一代字体设计师谢培元、钱惠明、钱焕庆、周今才等都在 90 年代于华文字库从事字体设计工作【图 11-12】，极大保证了华文字库字体的品质，为华文在海外市场的开拓提供了很好的保障。

就字体风格而言，对经典字体的数字化得到了重视，字库公司多忠实于铜模原稿的"再现"，也包括老一代字体设计师创作的字体以及前文提到的全国印刷新字体评选会评选出优秀作品，这批优秀作品之中有数款经过扩写后制作成了铜模，在 20 世纪 90 年代形成了字库产品。字库公司完成了经典字体的数字化之后，还进行了装饰性字体的开发，如综艺体、倩体、琥珀体、彩云体等【图 11-13】，这些装饰性字体在一定程度上代表了当时字体设计的潮流，适应了大众日益活跃的审美需求。书法字体植入字库也成为一种风气，如

图 11-12 谢培元、钱惠明等设计完成的华文宋体原稿（华文字库藏）
图 11-13 综艺体、倩体、琥珀体、彩云体，字体（方正字库）
图 11-14 舒体、康体、启体、瘦金体，字体（方正字库）

舒体、康体、启功体、瘦金体等字库产品在 90 年代中后期陆续出现【图 11-14】，拉开了中国复刻字体的序幕。技术的革新和电脑的普及，也使繁琐的字体设计流程发生了变化，使得一款字体由一人独立完成成为可能，人人都可做字的时代即将到来。

整体来说，这时期的大众审美诉求使得字体呈现出多样性，即古典性、独特性、通俗化、书写化等共存的局面。也因为缺少历史的沉淀，字体数字化初期字体品质呈现出鱼龙混杂、参差不齐的局面，很多新奇特异的字体也被市场所接受，如火柴体、冰裂体等，从另一个方面也看到受众的无意识，这是字体设计发展必然要经历的时期。

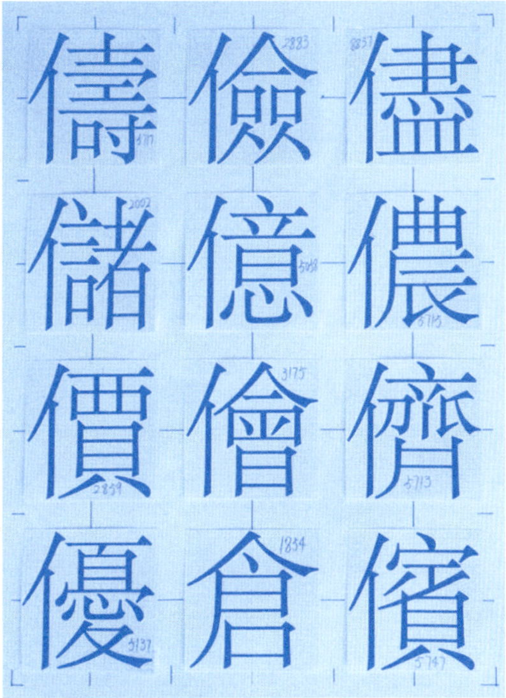

11-12

11-13

11-14

进入新千年，新技术的发展和新媒介的涌现，使文字显示空间的外延大大扩展，文字信息以非物质形态（如屏幕显示、投影）传播时，通过字体技术如贝塞尔曲线、二次曲线等描述信息生成非物质形态的数字字体。字体设计面临的不单单是美学的问题，更多的是如何通过屏幕媒介上的清晰阅读展开对文本的理解，如何在海量的信息中建立阅读逻辑，如何应对新媒介带来的生理和心理的变化等等，使得字体研究呈现出极强的跨学科性。与此同时，全球化极大提高了信息传播的速度和广度，文字作为信息的载体，也得到广泛的关注。在了解和掌握西方的理论和实践的前提下，我国的字体设计显示出积极主动的一面，越来越多的人关注字体及其背后的历史、原则和标准。

目前我国的设计研究和实践者日益看到传统美学在字体设计中的重要性，汉字字体设计只能由国人担当，随着设计生态的逐步好转，中文字体设计发展空间将让人充满期待。

参考文献：

1. 廖洁连．中国字体设计人——一字一生［M］．武汉：华中科技大学出版社，2012．
2. 曹振英，丘淙．汉字源流与实用印刷字体（下）——实用印刷字体手册［M］．北京：印刷工业出版社，1994．
3. 上海新四军历史研究会．中国印刷史料选辑［M］．北京：印刷工业出版社，1990．
4. 中国印刷及设备器材工业协会．印刷科技实用手册［M］．北京：印刷工业出版社，1992．
5. 刘钊．汉字印刷字体发展、设计与应用研究［D］．中央美术学院，2007．
6. 吴轶博．中文数字字体演化路径研究［D］．中央美术学院，2016．
7. 王静艳．现代汉字正文字体设计规范研究［D］．中央美术学院，2016．
8. 原伟民．汉字印刷字体的现状及发展趋势［J］．印刷杂志，2007，05：47-49．
9. 周博．汉字字体设计的新生［J］．设计艺术（山东工艺美术学院学报），2013，04：10-17．
10. 郭昌熹．今天，向工匠致敬——一个解放日报刻字工与“姚体”的故事［J］．东方网，2016．

大事记

政治	年份	技术	字体公司	事件
				楷书体 仿宋体
中华民国	1911			
	1920	印刷		
中华人民共和国	1949			中国文字改革委员会
	1956	照相排版		《汉字简化方案》 上海印刷技术研究所 活字字体研究室
	1960			字体设计方案“整旧创新”
	1964			《简化字总表》
	1965			《印刷通用汉字字形表》
“文化大革命”	1966			
	1976			
改革开放				
	1980	计算机字体		新字体五年计划
			方正	
	1984			第一届全国印刷字体评选会
	1986		华康	
	1987			第一届日本森泽字体 设计大赛（中国）
	1989			
	1990		文鼎	Apple Song
	1991		华文	
	1993		汉仪	
	1995	post script		
	2001			首届“北大方正奖” 印刷字体设计大赛
	2004	clear type		Microsoft Yahei
	2008			
	2009			
	2012			首届“字体之星”基金计划“寻找中国黑”字体设计大赛
	2014			思源黑体
	2017			思源宋体

后记

哉，形声字，从“土戈”，从“口”。“土戈”表现如田块般排列整齐的军队，“口”为声音，因此“哉”本义为军阵集体发出的感叹声，引申为集体感叹声、惊叹声，是古代常用的语气词。“美哉，汉字”，十足地表现了一大群人大声感叹汉字之美的画面，非常生动。

我于数年前第一次读到张道一先生《美哉汉字》一书时就万分欣喜张先生给书取的这一名字，越品越觉美好，摇头晃脑感叹不止。多年后，当我有那么一点小权力可以给一个系列汉字文化品牌命名时，我抓耳挠腮企图超越，最终失败。于是，我厚颜致电张道一先生的女公子张抒教授，请求使用“美哉汉字”名称，张教授亦是汉字字体研究者，家学渊深，著有《美哉宋体字》，听闻此事亦觉欣然，于是，这一名称有了新的用处。

从 2016 年下半年开始策划，2017 年 4 月第一次开讲，这一以系列讲座为核心的文化品牌至今短短一年，但已然成为字体设计领域的知名品牌。2017 年 4 月我们在上海美术学院开讲，邀请了十名研究者（刘志基、柳刚永、张抒、孙明远、李少波、吴轶博、李林、刘钊、王静艳、黄克俭）讲述各自不同领域的研究成果；9 月，我们受邀在中国人民对外友好协会、河南省政府组织的“2017 中国（安阳）国际汉字大会”巡讲，有三名新的研究者，李立新、（日）鸟海修、易祖强加入；12 月，我们又策划了一次系列讲座活动，邀请了（日）小宫山博史、（中国台湾）苏精、谢振声、黄克俭、蒋华、（日）祖父江慎、（中国香港）靳埭强。2018 年，“美哉汉字”系列讲座将走出国门，巡讲至日本，等等，还会有很多。

讲座的受众毕竟是有限的，犹记 4 月时，有远至黑龙江、兰州的字体爱好者不辞辛苦赶到上海听讲，让我们深为感动，但多数字体爱好者还是无缘得见。于是，我们将讲座内容集结出书，以馈饕餮。

本书一共十一篇文章，是 2017 年 4 月、9 月两次讲座部分内容的合集，另有四位讲座人的文章由于种种原因需要延至以后出版。这十一篇文章中，有六篇是由当时讲座录音整理而成，五篇是讲座内容对应的论文。

本书的成书要感谢上海美术学院汪大伟院长、陈青副院长的全力支持，对于字体设计学科，上海美术学院投入了极大的热情。同时，更需要感谢各位讲座人耐心细致的文字工作。

王静艳